U0742447

中等职业教育
改革创新
系列教材

F I N A N C I A L   A C C O U N T I N G

李颖超 张文华
主编

丁亚璇 袁佳睿
副主编

财税代理服务

微课版

人民邮电出版社
北京

图书在版编目（CIP）数据

财税代理服务 ：微课版 / 李颖超，张文华主编.

北京 ：人民邮电出版社，2024. 9. --（中等职业教育改革创新系列教材）. -- ISBN 978-7-115-64709-2

Ⅰ．F810.423

中国国家版本馆 CIP 数据核字第 2024K347C1 号

内 容 提 要

本书依据中等职业学校会计事务专业人才培养目标进行编写，贴合财税代理服务的课程设计要求。书中按照知识结构设计了财税代理客户管理、代理企业登记事务、代理企业记账事务和代理企业涉税事务 4 个模块，具体内容包括客户资料收集、业务合同签订、客户档案管理、企业设立登记、企业变更登记、企业注销登记、发票开具、社会保险和住房公积金办理、企业建账、企业票据录入、企业财税审核、财务云智能技术、会计档案管理、增值税及附加税申报、企业所得税申报和个人所得税申报 16 个项目。

本书可作为中等职业学校会计事务专业财税代理服务课程的教材，也可作为财务从业人员自学的参考书。

◆ 主　　编　李颖超　张文华

　　副 主 编　丁亚璇　袁佳睿

　　责任编辑　刘　尉

　　责任印制　王　郁　彭志环

◆ 人民邮电出版社出版发行　　北京市丰台区成寿寺路 11 号

　　邮编　100164　　电子邮件　315@ptpress.com.cn

　　网址　https://www.ptpress.com.cn

　　北京联兴盛业印刷股份有限公司印刷

◆ 开本：787×1092　1/16

　　印张：14.25　　　　　　　　　2024 年 9 月第 1 版

　　字数：234 千字　　　　　　　2024 年 9 月北京第 1 次印刷

定价：49.80 元

读者服务热线：(010)81055256　印装质量热线：(010)81055316

反盗版热线：(010)81055315

广告经营许可证：京东市监广登字 20170147 号

前　言

　　本书遵循技术技能人才成长规律，按照教育部中等职业教育专业简介中关于会计事务专业"面向会计专业人员职业，企业事业单位出纳、会计和财税代理服务、会计信息系统运营服务等岗位（群）"的职业要求，以及培养"能够从事企业单位出纳、会计与财税代理服务、会计信息系统实施等工作的技术技能人才"的培养目标定位，参照"掌握票据法规知识和电子票据处理基本技能，具有企业主要经济业务票据识别、票据影像化处理及电子发票开具等票据处理的能力；掌握财税、金融等法律法规知识，具有财税咨询与服务，从事发票开具、票据录入分类整理、代办企业工商登记、企业税务登记及社保等会计事务的能力"等专业能力要求，同时基于数字化转型对会计工作人员的新要求进行编写。与此同时，校企"双元"教材编写团队通过大量的企业调研和教学实践研究，并遵循"以学生为中心""做中学，做中教"等职业教育理念，在此基础上编写了这本专门面向中等职业学校会计事务专业学生的财税代理服务教材。

　　本书深入贯彻党的二十大精神，落实立德树人根本任务，加强对学生的专业素养培养，职业特色鲜明。本书对接"数字经济"等国家战略，紧跟企业数字化转型，具有很强的针对性、实用性和创新性。本书具有以下特点。

1. 应用场景新，技术技能前沿

　　本书适应理实一体化教学改革需要，注重理论与实践、案例等相结合，既体现了新的财税专业知识，又融合了行业企业场景，并且以真实企业案例和典型工作任务为载体，全面融入新的财税体制改革内容。

2. 校企"双元"开发，岗课赛证综合育人

　　本书对接财税代理工作岗位实际，结合智能财税基本技能赛项、"1+X"职

业技能等级证书实现综合育人，按照学习目标（知识目标、技能目标、素质目标）、项目描述、知识准备、业务操作、项目训练（知识训练、技能训练）的结构进行编写。

3. 以项目为载体，采用模块化教学

本书整体采用"模块项目"编写体系，将从事财税代理服务所需要掌握的知识内容划分为不同的模块，在教学设计中以实践教学为主、以多种教学手段为辅，充分激发学生的学习兴趣。

本书以会计综合职业能力培养为目标，以项目为载体，以学生为中心，以能力培养为本位，理论与实践相结合，系统地介绍了作为一名财税代理人员应具备的知识、技能和素养。本书配有丰富的教学资源，包括教学课件、教学大纲、教案、授课计划、习题答案等。本书所有技能训练项目既可以在企业财税真实业务场景下开展，也可以在厦门网中网软件有限公司开发的"1+X"财务共享服务职业技能等级证书（初级）平台开展模拟练习。与厦门网中网软件有限公司"BIF 智能财税共享服务综合教学平台"结合使用，可较好地提升学习效果。

本书由北京市商业学校李颖超、淄博职业学院张文华担任主编，淄博市中心医院财务科丁亚璇、淄博职业学院袁佳睿担任副主编，参与编写的还有厦门网中网软件有限公司林月香等。

在编写和修订本书的过程中，编写团队进行了广泛的调研。厦门网中网软件有限公司的实践专家参与了本书大纲的确定，模块、项目的具体设计和岗位职业能力分析。在此对他们表示衷心的感谢！

由于编者水平有限，书中难免存在疏漏，敬请广大读者批评指正。

编者

2024 年 5 月

CoNTENTs

目　　录

模块一 财税代理客户管理

项目一
客户资料收集

🔒 学习目标

知识目标

1. 熟悉财税代理服务的工作内容；

2. 了解商事主体的类型以及目标客户资料的内容；

3. 掌握识别财税代理客户的方法。

技能目标

1. 能够通过普遍识别法、广告识别法等方法识别目标客户；

2. 具有较强的信息收集整合能力，收集目标客户相关信息，了解目标客户所在行业特点、产业政策、行业风险以及行业壁垒。

素质目标

1. 熟悉国家相关法律规范、遵守职业道德规范，保守秘密、强化服务；

2. 秉持专业精神，勤于学习、锐意进取，守正创新。

项目描述

财税代理人员的首要工作是寻找目标客户，并努力将其培养为现实客户。这就需要财税代理人员持续学习如何发现目标客户，最终建立客户关系的知识和技能。

知识准备

一、财税代理服务

财税代理服务是指商事主体选择财税代理服务机构，将自己的财务、税务事务移交给代理机构，由专业的团队帮助自己办理各项财务、税务事项，由其贴心、高效地协助处理各项财务、税务的上报和检查业务。财税代理服务主要包括代理企业登记事务、代理企业记账事务、代理企业涉税事务，提供财务和税务咨询等内容。

二、商事主体类型

商事主体，是指依法登记，从事经营活动的自然人、法人和其他组织，具体的类型如图 1-1-1 所示。

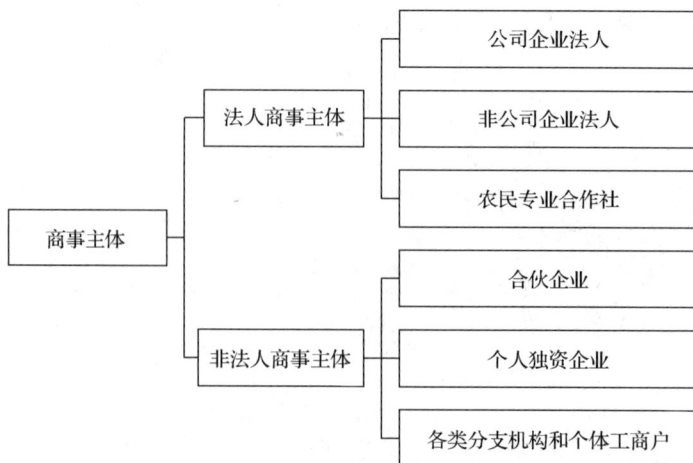

图 1-1-1　商事主体的类型

三、目标客户识别方法

目标客户识别方法

1. 普遍识别法

普遍识别法也称逐户寻找法、地毯式寻找法或者走街串巷法。例如在用普遍识别法识别某市某栋写字楼的所有公司时，可分别采用上门、电话、电子邮件等方式。

2. 广告识别法

广告识别法是利用各种广告媒介向目标客户群发送广告，吸引客户上门展开业务活动的方法。传统广告主要有：纸媒、电视和户外广告。新媒体广告主要有社交媒体广告、搜索引擎广告、移动应用广告等。

3. 介绍识别法

介绍识别法是财税代理人员通过他人的直接介绍或者提供的信息进行客户识别的方法。可以通过熟人、朋友等社会关系进行介绍，也可以通过代理机构的合作伙伴、客户等进行介绍。

4. 资料查阅识别法

资料查阅识别法是通过查阅资料识别客户的方法。

目标客户识别方法优缺点的比较如表 1-1-1 所示。

表 1-1-1　目标客户识别方法优缺点的比较

序号	方法	优点	缺点
1	普遍识别法	1. 能够较客观和全面地了解客户需求 2. 提高公司知名度 3. 锻炼财税代理人员能力 4. 方法得当，会有意想不到的收获	1. 针对性不强，有一定的盲目性，比较费时费力 2. 财税代理人员的冒昧造访，会遭到客户的拒绝甚至厌恶，客户容易产生抵触情绪
2	广告识别法	1. 广告媒介的信息量大、传播速度快、接触客户面广 2. 广告不仅可以寻找客户，还具有说服的功能	在大多数情况下，难以测定实际效果

续表

序号	方法	优点	缺点
3	介绍识别法	1. 可以避免财税代理人员寻找客户的盲目性 2. 可以赢得被介绍客户的信任，成功率比较高	财税代理人员常常处于被动地位
4	资料查阅识别法	1. 能减小工作量、提高工作效率 2. 可以减少工作的盲目性和客户的抵触情绪 3. 可以展开先期的客户研究，了解客户的特点、状况，提出适当的针对性策略	资料的时效性、真实性需要鉴别

四、目标客户资料

1. 资料类型

（1）工商信息。

工商信息包括商事主体类型、所属行业、股东情况、经营范围、经营模式、工商年报等。

（2）财税信息。

财税信息包括财税属性、开票情况、公司收入、成本构成、融资信息、财务报告、审计报告等。

（3）风险信息。

风险信息包括法院公告、立案信息、行政处罚、税务违法、经营异常信息等。

（4）行业信息。

行业信息包括公司所在行业现状、行业特点、行业风险、行业壁垒、行业政策及法规等。

2. 寻找途径

（1）网络查询。

网络查询途径具体如下。

① 企业网站、政府网站、专业项目网站、行业网站、行业报刊等。

② 国家企业信用信息公示系统、天眼查、企查查、爱企查、启信宝等。

③ 同花顺、东方财富、深圳证券交易所官网等。

（2）朋友介绍。

朋友介绍客户，可以比较直接地了解客户的情况，尤其是资信等情况。

（3）实地调查。

通过实地调查获取客户的第一手资料，能够直接考察目标客户的实力，以便选择相应的合作方式。

（4）专业机构。

通过招投标公司、设计院、科研院所、环保局等专业机构提供的专门报告，获得客户资料。

业务操作

一、企查查

企查查首页如图 1-1-2 所示。

图 1-1-2　企查查首页

二、信用信息查询平台

常见的信用信息查询平台如表 1-1-2 所示。

表 1-1-2　信用信息查询平台

序号	平台
1	国家企业信用信息公示系统
2	国家知识产权局商标局中国商标网
3	中国裁判文书网
4	中国执行信息公开网
5	12309 中国检察网
6	国家知识产权局官网
7	国家政务服务平台官网
8	全国组织机构统一社会信用代码数据服务中心官网
9	国家药品监督管理局官网
10	巨潮资讯网
11	全国中小企业股份转让系统官网

项目训练

知识训练

1.（单选题）财税代理人员通过查阅财税代理需求发布网站搜集客户，这种识别目标客户的方法属于（　　）。

A. 普遍识别法　　　　　　　B. 广告识别法

C. 介绍识别法　　　　　　　D. 资料查阅识别法

2.（多选题）财税代理公司发动员工每天通过微信朋友圈展示公司代理业务的信息，这种方法属于识别目标客户中的（　　），其缺点是（　　）。

A. 普遍识别法，成本高、费时费力

B. 普遍识别法，容易导致客户的抵触情绪

C. 广告识别法，针对性不强

D. 广告识别法，反馈性不强

技能训练

学生 4 人一组，每组选择不同的行业，组员自行选择不同的信息查询平台，分别查询同一个目标客户的信息，并对收集到的信息进行对比。讨论所收集到的客户信息，并对各个信息查询平台进行点评。

项目二

业务合同签订

🔒 学习目标

知识目标

1. 熟悉电话邀约的十要点；

2. 掌握财税代理的报价方法。

技能目标

1. 通过初步沟通对接，能够了解客户的基本情况、产生需求的原因、期望达到的目标；

2. 能够向客户介绍财税代理的程序和方法；

3. 能够详细记录并整理客户的问题及需求，及时跟进，做好进度记录，最终完成合同的签订。

素质目标

1. 熟悉国家相关法律规范、遵守职业道德规范，勤勉尽责、爱岗敬业；

2. 牢固树立诚信理念，以诚立身，以信立业。

项目描述

财税代理人员在寻找到目标客户之后，应积极与目标客户沟通交流，用专业能力和服务态度取信于客户，最终达成业务合作，签订合同。

知识准备

一、电话邀约的十要点

电话邀约的十要点有：①厘清思路；②随时记录；③表明身份；④确定对方是否有时间；⑤表明目的；⑥待客户挂电话后再挂电话；⑦不占用对方过多时间；⑧设想对方要问的问题；⑨避免与身边的人交谈；⑩给对方足够时间反应。

二、财税代理的报价方法

1. 成本定价报价法

成本定价报价法以财税代理人员的人力资本投入为计算原则。

2. 工作时间报价法

工作时间报价法以该财税代理实际所花费的时间为基数来计算服务费，服务费等于财税代理人员的工时费率乘以工作时间。

3. 企业增益报价法

企业增益报价法下，按照一定时间内企业年度销售收入或利润增加值的固定百分比或成本费用降低值的固定百分比收取费用。

业务操作

一、为首次拜访做准备

1. 电话邀约

财税代理人员第一次邀约客户，通常采用电话邀约的方式。电话邀约的对象可能是财税代理人员新开发的客户，可能是老客户介绍的客户，也可能是有新需求的老客户等。电话邀约的目的就是获得跟客户面谈的机会。

　　财税代理人员在进行电话邀约时，要声音柔和、表达清晰，通过声音传递公司形象。以电话邀约给客户留下的印象取决于声音质量（占 70%）和话术（占 30%）。其中，声音质量包括音高、节奏、音量、语调等。

2. 确定拜访的时间和地点

　　约定时间要以客户的时间为准，要在客户方便的时候拜访，充分体现出对客户的尊重，给客户留下良好的第一印象；正式的接洽地点一般选择在客户所在的公司。

3. 填写准客户跟进表

　　准客户跟进表是对准客户从电话邀约、首次拜访到签订合同等情况进行记录的登记表，如表 1-2-1 所示。

表 1-2-1　准客户跟进表

序号	日期	客户公司	客户代表	联系电话	业务类型	客户基本情况
1						
2						

4. 选派财税代理人员

　　财税代理公司在选派财税代理人员时，要优先考虑以下方面：①有丰富的阅历和社会经验；②有商业职业道德；③有耐心；④有亲和力；⑤有保密意识；⑥有一定的创新思维。

　　财税代理人员的主要作用是理解客户的要求和意图、介绍财税代理主要工作内容、树立自身形象、判断受理条件、衡量受理能力。

5. 准备相关资料

　　拜访前需要准备的材料主要包括财税代理公司宣传册和产品方案、客户基本资料、客户需求调查表、保密协议、笔记本计算机。

二、拜访客户

1. 提前到达拜访地点

　　财税代理人员应根据电话邀约中确定的拜访时间和地

拜访客户的要点

点，提前对拜访地点的路况进行考察，避免由于堵车或其他意外而迟到，最好能够提前 10 分钟到达拜访地点。

2. 进行自我介绍

财税代理人员与客户代表见面，在客户开口之前，要主动向客户问好，然后简要地进行自我介绍并行握手礼。如果准备了名片，尽量先递名片再自我介绍。递出名片时，用双手的拇指与食指拿住名片的两个角，将名片的正面朝向对方。自我介绍要表明这次来拜访的目的是什么，也可以提及之前的电话邀约，拉近与客户的距离，让自我介绍不那么突兀。

按照相关礼仪，介绍他人时应遵循的顺序和原则如下。

（1）先幼后长：要先把资历浅、年纪轻的一方介绍给资历深、年纪长的一方认识。

（2）先男后女：要先把男士介绍给女士认识。

（3）先下后上：介绍上下级认识时，先介绍下级，后介绍上级。

3. 选择开头话题

要结合客户所在行业的政策环境和发展影响因素等实际情况选择开头话题。

4. 介绍本公司情况

财税代理人员在介绍公司情况时，应按照首先介绍公司的基本情况，然后介绍业务的基本程序和方法，最后展示成功案例的顺序进行。

在介绍本公司情况时应提前做好以下准备工作：

（1）撰写介绍公司情况的讲稿；

（2）依据撰写的讲稿制作相应的 PPT，做到主题突出、层次清晰；

（3）应理解和分析客户心理，预测客户的疑问并给予相应的讲解，做到有的放矢；

（4）通过多角度、多方面的介绍，让客户了解公司的专业实力和财税代理人员的专业能力，为后期的合作打下坚实的基础。

三、梳理客户需求

了解客户的基本情况、业务代理的原因和背景、客户想要代理的内容和范围，以及希望达到的目的，让客户填写客户需求调查表。

👤 四、签订合同

1. 财税代理合同内容

财税代理合同一般应包括以下主要内容：

① 订立合同的甲、乙双方名称，即委托方与代理方名称；

② 项目名称；

③ 项目涉及范围及主要内容；

④ 项目成果、成果提交与验收方式；

⑤ 项目总体时间、工作计划框架；

⑥ 项目双方合作方式；

⑦ 项目双方项目组成员及主要职责；

⑧ 双方在项目中各自的工作、权限与义务；

⑨ 保密与知识产权条款；

⑩ 总体费用、费用支付方式、需单独付费的项目以及付款条件和方式；

⑪ 项目中止、延期处理、其他争议处理与违约责任；

⑫ 合同附件。

2. 财税代理费用支付方式

财税代理费用的支付方式根据项目内容的不同而不同。通常客户一般采取分期支付的方式，首期付款 30%～40%，中期付款 40%～50%，尾款10%～30%。

3. 合同确认与签订

双方的法律专家从法律的角度对合同草案进行最后审核，对双方单位名称、法人资格、签字人的资格（法定代表人和委托代理人）进行确认。

【情境案例】润心财税代理有限公司服务合同

委托方（甲方）：

代理方（乙方）：润心财税代理有限公司

为了充分发挥乙方的资源和信息服务优势，甲、乙双方经过友好协商，本着平等互利、友好合作的意愿达成本合同，并郑重声明共同遵守以下条款。

一、甲方同意按照本合同的规定，授权乙方为其代办个人独资企业设立及财务代理服务业务。

二、乙方提供的代理服务范围。

1. 商事服务：注册地址，办理营业执照，办理公章、法定代表人章、财务章、发票章等，购买数字证书，银行开户，工商年检。

2. 基础财务服务：日常账务处理、纳税申报、申请核定、汇算清缴。

3. 根据甲方实际业务需求办理发票事宜。

三、服务期限：长期。

四、甲方的责任。

1. 甲方应指定专人配合乙方完成相关事宜。

2. 甲方对提供的证件和法律文件资料的真实性、正确性、合法性承担全部责任。

五、乙方的责任。

1. 乙方自觉接受工商行政管理机关的指导和监督，采用规范的登记代理程序和方法，协助甲方完善各类文件资料，将应有的证件整理齐全。

2. 乙方对甲方提供的证件和资料负有妥善保管和保密责任，乙方不得将证件和资料提供给与新企业开业登记（包括工商行政管理、质量技术监督、税务等部门）无关的其他第三者。

六、费用支付方式。

1. 合同金额首年_____元整，大写：_____元整；以后年度_____元整，大写：_____元整；按年度一次性预收_____元整。

2. 转账支付时，乙方指定账户：_____。

七、合同终止及违约。

在申办过程中，如果甲方无正当理由提出中止申办，乙方一律不退款；如果甲方不能提供有效文件、材料，由乙方负责完善，由此产生的费用和责任由甲方承担；由于乙方自身原因无法申办，乙方退还甲方已支付的所有费用。

甲方逾期付款，乙方有权暂停提供服务，并要求甲方承担合同总金额每日千分之三的违约金，逾期超过30天，乙方有权解除合同，并要求甲方承担合同总金额20%的违约金，已收款项不予退还。

八、保密义务。

1. 甲、乙双方均有保密义务，任何一方不得将本合同内容以任何方式泄露给其他第三方。

2. 根据有关法律、法规的规定，甲、乙双方应向有关政府主管部门或双方上级主管部门办理有关批准、备案的手续，或为履行在本合同下的义务或声明与保证须向第三人披露；或经合同另一方事先书面同意则不在上述限制以内。

3. 保守秘密一方有权要求泄露秘密一方赔偿由此造成的经济损失。本条款不因本合同的终止而失效。

九、合同的生效及其他。

1. 本合同在甲、乙双方签字盖章后立即生效。合同正本一式两份，甲、乙双方各执一份，具有同等效力，约定事项全部完成后失效。

2. 本合同未尽事宜由甲、乙双方另行协商。

3. 除非经甲、乙双方书面确认，任何对本合同的补充和修改，对甲、乙双方均无约束力。

4. 若双方因本合同产生争议，均有权向当地仲裁委员会提起仲裁，由败诉方承担律师费、仲裁费、担保费。

甲方（盖章）：　　　　乙方（盖章）：

代表（签字）：　　　　代表（签字）：

年　月　日　　　　年　月　日

项目训练

知识训练

1.（单选题）有关电话邀约的注意事项，以下不正确的是（　　　）。

　　A. 厘清思路

　　B. 随时记录

　　C. 表明身份

　　D. 不要给对方足够时间反应

2.（单选题）首次拜访时，财税代理人员向客户递名片，以下最标准的递名片方式为（　　　）。

　　A. 右手递出名片，同时做自我介绍

　　B. 双手递出名片，同时做自我介绍

　　C. 用双手的拇指与食指拿住名片的两个角，将名片的正面朝向对方，递出名片后再做自我介绍

　　D. 先做自我介绍，然后用双手的拇指与食指拿住名片的两个角，将名片的正面朝向对方

3.（单选题）财税代理公司与客户定价时，以财税代理人员人力资本投入为原则，计算此项代理业务报价的方法是（　　　）。

A. 企业增益报价法　　　B. 成本定价报价法
C. 工作时间报价法　　　D. 工作成果报价法

4.（多选题）启智科技股份有限公司和润心财税代理有限公司签订了一份财税代理合同。通常，财税代理合同中应该尽可能地对（　　　）加以量化。

A. 项目总时间、计划
B. 项目成果、成果提交以及验收方式
C. 项目涉及的范围及主要内容
D. 项目双方的合作方式

技能训练

学生两两一组，分别扮演财税代理公司的财税代理人员和客户模拟电话邀约。

【要求】

（1）做好准备。客户自行设计本公司背景资料，财税代理人员自行设计邀约话术。

（2）电话邀约。财税代理人员向客户发出电话邀约。财税代理人员应通过熟练的话术说服客户获得面谈机会，确定首次拜访时间和地点，并登记准客户跟进表。

（3）双方交换角色进行演练。

项目三

客户档案管理

🔒 学习目标

知识目标

1. 熟悉客户资料的分类和建档的注意事项；

2. 了解客户关系管理系统。

技能目标

1. 能够及时建立客户服务档案；

2. 能够根据公司档案管理制度完成与客户资料的交接；

3. 能够根据公司档案管理制度完成客户资料归档、保管、使用及归还并及时更新客户档案，熟练使用客户关系管理系统。

素质目标

1. 熟悉国家相关法律规范、遵守职业道德规范，强化服务；

2. 能够保守客户的商业机密，不泄露客户的业务资料信息，不利用客户的档案信息牟取商业利益。

项目描述

作为一名财税代理人员，需要根据财税代理合同及前期收集到的客户资料，在客户管理系统中，新建客户档案，并随时对新的客户资料进行归档。

知识准备

一、客户分类

1. 重要客户（A类客户）

重要客户是"客户金字塔"中最上层的金牌客户，是在过去特定时间内消费最多的前 5%的客户。这类客户是财税代理公司的优质核心客户群，由于他们经营稳健，做事规矩，信誉度好，对财税代理公司的贡献最大，能给财税代理公司带来长期稳定的收入，因此值得花费最多时间和精力来提高该类客户的满意度。

客户分类

对重要客户，要指派专门的财税代理人员经常联络，定期走访，为他们提供最快捷、最周到的服务，让他们享受财税代理公司最大的实惠，公司领导也应定期去拜访他们。密切注意该类客户所处行业的发展趋势、人事变动等异常动向，应优先处理该类客户的抱怨和投诉。

2. 主要客户（B类客户）

主要客户是指"客户金字塔"中，在特定时间内消费最多的前 20%的客户中，扣除重要客户后的客户。这类客户虽然不是财税代理公司的优质客户，但也是财税代理公司的大客户，由于他们对财税代理公司经济指标完成的好坏构成直接影响，不容忽视，因此财税代理公司应倾注相当的时间和精力关注这类客户的生产经营状况，并有针对性地提供服务。

对主要客户，财税代理人员要经常联络，定期走访，为他们提供服务的同时要给予更多的关注，财税代理公司主管也应定期去拜访他们。密切注意该类客户的产品销售、资金支付能力、人事变动、重组等异常动向。

3. 普通客户（C类客户）

此类客户对财税代理公司完成经济指标贡献不大，消费额占公司总收

入额的 20%左右。由于他们数量众多，财税代理公司须控制服务投入，为他们提供大众化的基础性服务。

　　A、B、C 三类客户在财税代理公司客户的比例结构是随具体情况而变化的，财税代理公司应建立科学动态的客户管理体系，对客户资料进行科学的统计分析并制定一套综合性的客户资信评价标准，结合"二八定律"对客户进行分类，再从客户成长性、客户核心竞争力或资金实力等方面确定潜在的重要客户。

二、客户信息

　　对于签订财税代理合同的每一个客户，都要尽快建立客户信息档案以便分析掌握客户财税代理服务提供情况以及后续业务发展情况。客户信息档案可以以电子形式建立，可以包含的客户信息如表 1-3-1 所示。

表 1-3-1　客户信息

公司基本信息	公司重要信息
客户编码、客户名称、客户分类、实际办公地址、公司性质、业务部门、业务员、省份、客户类型、客户联系人等	法定代表人姓名、法定代表人手机号、统一社会信用代码、实名认证账号及密码、从业人数、公司注册地址、年检账号及密码，法定代表人身份证号、纳税申报密码、银行开户登记证号等

三、客户资料的分类

1. 收入类

　　收入类客户资料包括销售/销货发票（即公司开出的发票、销货单），包含税务局代开的发票及完税凭证；政府补贴收入相关资料（补贴到账回单、补贴项目资料）。

2. 成本类

　　成本类客户资料包括购进货物、运输费用、服务费用等的发票（含进货单）。

3. 资金类

　　资金类客户资料包括现金收据、银行回单。

4．费用类

（1）房租、水电费、管理费（发票为公司抬头、按月开具）、快递费、运费、服务费发票。

（2）电话费发票（发票为公司抬头，按月开具；员工个人电话发票的报销有额度限制）。

（3）日常办公用品发票、固定资产发票（如计算机、空调、汽车机械设备、工具等需制作固定资产台账）。

（4）差旅费相关单据，业务招待费发票。

（5）用车费、加油费、过路过桥费、停车费发票。

（6）员工福利费（如餐费等）领取的相关资料。

（7）工资表（提供工资表模板，提供公司在职人员名单、身份证号码）、社会保险明细表（个人及单位总金额）。

（8）其他与公司业务相关的发票。

5．其他单据

实缴注册资金的银行回单、对外投资的银行回单、借款单据及合同、票据相关单据等。

资料准备及要求如下。

（1）发票中公司名称必须是全称。

（2）每月28日至次月3日将上月财务资料准备好，交会计做账。

（3）每月25日至28日提供增值税专用发票销项发票和进项发票扫描件，提供的扫描件必须与开票系统中的发票清单核对一致，28日前需确认当月应缴纳的增值税税额。

（4）每月10日前公司用银行账户预留资金缴税，预留资金应足够扣缴上月税款和社会保险费。

（5）进销货单据要求注明是否已开具对应的进项发票或者销项发票。

四、档案建立的注意事项

档案建立的注意事项如下。

（1）客户签约后要立即新建客户档案。

（2）客户档案各项内容要尽可能填写完整。

（3）客户档案要保证准确性，尤其是客户的姓名、联系方式、账号及密码等信息，要保证准确无误。

（4）客户的信息应该安排专人维护，而且要备份。

五、客户关系管理（CRM）系统

客户关系管理系统

客户关系管理（Customer Relationship Management，CRM）系统是一类专业的软件工具，用于帮助企业管理与客户相关的信息和处理相关业务，改进其管理方法，为客户提供创新和个性化的互动和服务。

1. CRM 系统的功能

CRM 系统的功能如下。

（1）客户信息管理：CRM 系统可以帮助财税代理公司存储和管理客户的基本信息，如联系方式、公司名称、联系人等，以便财税代理公司能更好地了解客户需求。

（2）任务和项目追踪：CRM 系统可以追踪财税代理公司与客户之间的各种任务和项目，包括报税截止日期、财务审计、税务咨询等，确保所有任务按时完成。

（3）文件管理：CRM 系统通常允许用户上传和管理各种文件，例如报表、合同、税务申报文件等，以便用户随时查阅和共享。

（4）日程提醒：CRM 系统可以提醒财税代理人员重要事件、任务和会议的时间，帮助他们及时回应客户需求并提供优质的服务。

（5）保留通信记录：CRM 系统可以记录财税代理公司与客户之间的通信，如电子邮件、通话、短信等，这有助于保存沟通历史，留下与客户互动的准确记录。

（6）生成报表和分析数据：CRM 系统可以生成各种报表和进行数据分析，帮助财税代理公司了解客户关系、业绩表现和市场趋势，使其做出更明智的业务决策。

（7）客户服务支持：CRM 系统提供了客户服务支持的功能，使财税代理公司能够更快速、更高效地回应客户问题和满足需求。

（8）保护隐私：财税代理行业涉及大量敏感客户信息，因此 CRM 系统需要具备严格的安全措施，以确保数据的安全和保护客户隐私。

2. 选择 CRM 系统需要考虑的问题

选择 CRM 系统需要考虑的问题如下。

（1）适应业务需求：确保 CRM 系统能够满足财税代理行业的特定需求，如合同管理、任务跟进、报告生成等。

（2）用户友好性：系统易于使用和学习，以便财税代理人员快速上手。

（3）客户支持：选择提供良好客户支持和培训的 CRM 供应商，以确保客户在使用过程中得到支持。

（4）数据安全：财税代理涉及客户的敏感财务信息，数据安全至关重要，所以要确保 CRM 系统有良好的安全措施，以保护数据不受未授权访问。

CRM 系统的选择应该根据公司的具体需求和预算来进行。一些 CRM 系统可能专门为财税代理行业设计，提供特定的功能和定制选项，但其他通用的 CRM 系统也可以通过适当的配置来满足财税代理行业的需求。在选择 CRM 系统时，建议进行充分的市场调查并与供应商进行充分沟通，确保选定的系统能够实现公司的目标并顺利整合到日常业务中。

业务操作

一、客户资料归档

1. 审核待归档资料

档案管理员根据业务要求核对客户待归档信息和资料的完整性，并根据业务规则审核档案信息的正确性。保证归档资料的种类、份数以及每份资料的内容均齐全完整。审核无误后，填写客户资料归档表，双方签字。客户资料归档表如表 1-3-2 所示。

表 1-3-2　客户资料归档表

客户名称		项目名称	
资料类别		归档处（路径）	
保密等级		保密期限	
归档时间			
交送人		接收人	
资料名称		数量	
备注			

2. 完成资料归档

资料归档示意图如图 1-3-1 所示。

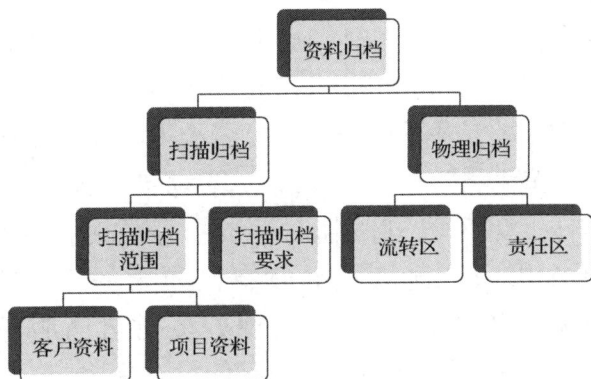

图 1-3-1 资料归档示意图

（1）扫描归档。

① 扫描归档范围。

a. 客户资料。客户资料是直接来自客户的资料，根据代理内容的不同所需要的客户资料也有所不同。如对客户实施税务代理需要取得的客户资料包括三类，如表 1-3-3 所示。

表 1-3-3 客户资料（税务代理）

公司的基本情况信息	公司的财务状况信息	公司的税务情况信息
公司设立的合同、股东协议、章程、政府批准的文件、公司股权架构图、营业执照副本等	最近三年财务报表、最近三年审计报告	最近三年纳税申报资料、税务机关对公司做出的税务决定等

b. 项目资料。公司在提供服务的各个阶段所形成的必要的文档资料通常叫作项目资料，如需求调查表、初步解决方案问卷调查、访谈记录、诊断方案等。一些公司也会将项目组内部的书面沟通文档进行汇总、整理并归档。但是，项目文件中初步讨论结果的草稿、重复或者作废的文件不在扫描归档的范围之内。

② 扫描归档要求。

对于扫描归档的客户资料，需要统一归档规范，如资料的分类、排序、使用频率、保密性等。归档工作由财务代理人员和档案管理员配合完成，档案管理员负责整理、编目。财税代理公司通常会要求档案管理员在收到资料后尽快（通常 24 小时内）完成扫描，并根据资料的分类规则、顺序、文件命名规则进行存档。

（2）物理归档。

对于需要物理存放的客户资料，财税代理公司应明确区域划分，通常划分为流转区和责任区。不同类型的资料分类存放，不允许跨区存放。

① 流转区。流转区是财税代理人员需要移交给客户的已装订好的凭证、报告等资料的放置区域。财税代理人员对自己服务的客户的凭证、账本资料具有保管责任。此区域只做临时存放，存放时间通常不超过一个月。

② 责任区。每个财税代理人员分管自己所属的文件柜，放置客户原件资料、待整理账务票据等资料。财税代理人员对自己服务的客户的原件资料、待整理账务票据等资料，具有保管责任。

3. 归档注意事项

（1）尽可能地将客户的资料完整保存下来，财税代理公司通常采用信息化手段进行客户信息的电子归档。

（2）提高客户资料归档质量。归档不是简单地将资料扫描上传，或者直接放入物理存放区，而是要保持文件之间的有机联系，遵循客户资料的形成规律和特点。区别不同客户资料的价值，便于保管和利用。采用信息化手段进行归档的公司，要在档案管理系统中依照连贯的规程对文件进行数字化、索引及标签处理，将各种客户信息按类别整理以便查找使用。在确定客户信息分类方案后，每份客户资料都应贴以相应的标签或被分类，便于快速检索访问。

二、客户档案保管和使用

1. 客户档案的存放

（1）证照和账册。

证照原件的保管应设置专职或兼职岗位，采用无纸化电子档案管理。证照原件在任何一个部门流转都需妥善保管，不允许出现任意涂改、丢弃客户资料的现象。否则，将追究相关人员的责任。

账册按照所属区域妥善保管，不允许随意丢弃。各财税代理人员对自己服务的客户的账册资料具有保管责任，应严格按照各项目的交接期限及时跟客户交接并完善交接手续。

（2）文件柜。

在各区域每个文件柜左上角统一贴上标签，注明区域、所属部门责任人，该责任人负责文件柜整体管理。若更换责任人，则应在当天更换好标签。文件柜放置的资料不允许超出柜门，取用完资料后应立刻关上柜门，不允许敞开柜门。办公桌及其周围一律不允许堆放资料或资料箱。文件柜必须防潮、防虫蛀、防火、防盗。

（3）计算机。

保存电子文档的计算机必须安装杀毒软件、防火墙软件，并定期进行杀毒，以保证系统的可靠性，还应建立客户档案数据库专人管理和维护机制。

2. 客户档案的使用

客户档案原则上仅供本部门使用，不得提供给未经许可的本公司其他人员或其他公司。使用客户档案实施授权调阅制度，公司其他部门因工作需要调阅客户档案时，须经部门经理批准，并应做好保密工作。不允许在档案管理员不知情的情况下，私自流转档案资料。

档案管理员不得利用职务之便，将所保管的档案据为己有；不得以任何方式擅自提供、抄录、复制、修改、删除客户档案；不得借工作之便擅自从客户档案中抽取、撤换、添加档案材料；不得出卖、转让、交换、赠送客户档案。档案管理员对档案工作负有重要责任，因档案管理员玩忽职守造成客户档案损失的，需要按照公司客户档案管理制度的规定给予相应的处罚。

三、客户资料更新

根据客户资料动态管理的要求，客户资料发生变更，各财税代理人员应及时提供最新档案资料并交档案管理员更新，特别是对客户对接人联系电话等信息的更新，确保与客户联络顺畅。客户的信息发生变化后应及时通知其他部门对资料进行更新，以保证档案资料的有效性。

四、客户档案移交和监交

财税代理人员在工作调动或离职时，不得将客户资料带走，应会同档案管理部门进行客户档案的移交。进行客户档案移交时，必须有监交人进行监督，移交人和接收人不得私自进行交接，监交人由业务人员担任。

移交客户档案时，移交人应填写档案移交清单，一式三份，移交人、接收人、监交人各执一份，以明确责任。档案移交清单由接收人和移交人签字，经监交人审核监督并签字确认。客户档案移交程序如图 1-3-2 所示。

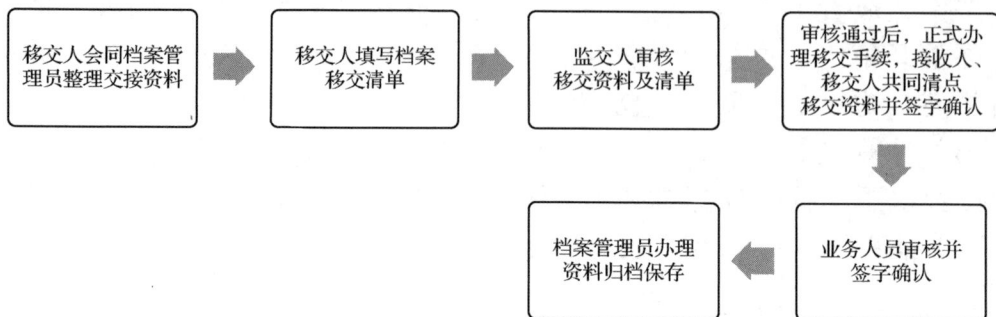

图 1-3-2　客户档案移交程序

【情境工具】档案移交清单

润心财税代理有限公司档案移交清单

被代理单位名称：启智科技有限公司

是否终止代理：□是　☑否

资料名称	数量	备注
公章、财务专用章、合同专用章、发票章、法定代表人章	5 个	各 1 个
营业执照正、副本原件	2 份	各 1 份
工商核准设立通知书原件	1 份	
公司章程	1 份	

接收人签字：　　　　　　移交人签字：　　　　　　　监交人签字：

接收日期：　年　月　日　移交日期：　年　月　日　监交日期：　年　月　日

五、客户信息的保密

不能泄露客户的业务资料信息，也不能利用客户的资料和机密信息牟利。这是财税代理行业普遍遵守的一条行为准则。为了维护客户权益，保守客户商业秘密，财税代理公司应该制定相应的客户资料保密制度，对保密范围、保密措施，以及责任与处罚做出明确规定。一般的保密措施如下。

（1）在设备完善的保险箱中保存。

（2）非经总经理或主管副总经理批准，不得复制和摘抄。

（3）收发、传递和外出携带，由指定人员负责，并采取必要的安全措施。

（4）使用、保存和销毁，由公司指定专门部门负责执行，并采用相应的保密措施。

（5）在对外交往与合作中需要提供客户资料的，应当事先经总经理批准。

（6）不准在私人交往和通信中泄露客户秘密，不准在公共场所谈论客户秘密，不准通过其他方式传递客户秘密。

项目训练

知识训练

1.（单选题）客户是公司生存和发展的动力源泉，是公司重要的资源。财税代理公司非常重视客户的分类，将客户群分为重要客户（A 类客户）、主要客户（B 类客户）、普通客户（C 类客户）三个类别，以下关于客户分类的说法不正确的是（　　）。

　　A. 将对公司的贡献最大，能给公司带来长期稳定收入的客户划为 A 类客户

　　B. 倾注相当的时间和精力关注 B 类客户的生产经营状况并有针对性地提供服务

　　C. 控制对 C 类客户的服务投入，按照"方便、及时"的原则，为他们提供大众化的基础性服务

　　D. 根据客户的净资产值进行客户分类

2.（单选题）在财税代理服务中，以下不属于需要归档的资料的是（　　）。

　　A. 公司的基本情况信息

　　B. 公司的财务信息

　　C. 问卷调查记录

　　D. 作废的访谈记录

3.（多选题）对签订财税代理合同的每一个客户，财税代理公司都应及时为其建立客户档案，并对档案进行补充维护，以下关于客户档案信息的说法正确的有（　　）。

　　A. 客户签约后立即新建客户档案

B. 各项内容要一次性填写完整

C. 充分利用客户资料并保持其准确性，尤其是客户的姓名、联系方式、账号及密码等信息，要保证准确无误

D. 客户的信息应该安排专人维护，而且要备份

4.（多选题）财税代理人员李乾在客户档案中看到一篇行业报告，正是自己上大学的儿子寒假需要完成的作业，他复印下来后给了儿子。对此以下说法正确的有（　　）。

A. 可以复印，李乾没有将客户资料用于商业，没有损害客户的权益

B. 未经部门领导同意李乾不可以复印客户资料

C. 不可以复印，李乾不应以任何方式擅自复制客户档案

D. 李乾应该按照公司《客户服务档案管理规范》接受处罚

技能训练

根据所学内容设计一个客户档案管理目录。

模块二　代理企业登记事务

项目四
企业设立登记

🔒 学习目标

知识目标

1．熟悉工商登记、公司印章的相关内容；

2．熟练掌握银行账户的分类、税务报到的相关事宜。

技能目标

1．能够在相关平台上熟练完成企业设立登记资料填报、提交和追踪工作，确保高效完成；

2．能够熟练办理印章的刻制申请（或电子印章申请）业务，根据制度做好印章的日常使用及保管工作；

3．能够熟练办理银行账户开立事项；

4．能够熟练完成税务报到相关工作。

素质目标

1．熟悉国家相关法律规范、职业道德规范，保守秘密、强化服务；

2．不断适应新形势、新要求，与时俱进、开拓创新。

项目描述

客户因发展需要成立子公司，或者需要注册新公司，作为财税代理人员，经常需要帮助客户办理企业设立登记事项，因此财税代理人员必须掌握办理企业设立登记事项的流程及了解所需资料。

知识准备

一、工商登记

工商登记是指工商行政管理机关根据法律的规定，按照法定的程序，审核申请人的申请及其所备的文件后，将应登记的事项记录在案的行政行为，工商登记是经济组织（如联营企业、独资企业、个体工商户等）取得法律资格，即成为享有民事权利、承担民事义务主体的前提。为保护社会公众利益、维系经济秩序，我国采取直接登记为主、审批设立为辅的登记制度，未经登记注册的，不得从事经营活动。工商登记的主要功能在于确认市场主体资格并监管其经营行为。

二、公司印章

在日常工作中较常见的公司印章主要有公章、财务专用章、合同专用章、发票专用章、法定代表人章、现金付讫章、现金收讫章和作废章等。公司印鉴（即印章盖在纸上留下的图形）如图 2-4-1 所示。

图 2-4-1 公司印鉴

公章代表公司对外签章，在工商、税务、银行等外部事务处理时需要加盖。

财务专用章是代表公司财务事项的印章，主要用于票据的出具，通常称为银行大印鉴。

合同专用章代表公司签订合同或协议，用于对外签订合同时使用，可以在签约的范围内代表公司。

发票专用章是代表公司开具发票的印章，主要用于各类发票的开具。

法定代表人章是公司法定代表人的印章，一般不单独使用，与公章或财务专用章一起作为银行预留印鉴，通常称为银行小印鉴。

现金付讫章表示付出现金，现金收讫章表示收到现金，一般用于出纳办理现金付款、收款业务。

作废章表示作废，一般在发票、收据、文件等填写错误需予以作废时加盖。

三、银行账户

为了便于企业开展正常的经营活动，银行账户是每个新设企业必备的，主要有四种银行账户：基本存款账户、一般存款账户、专用存款账户、临时存款账户。

基本存款账户是办理转账结算和现金收付的主办账户，经营活动的日常资金收付以及工资、奖金和现金的支取均可通过该账户办理。存款人只能在银行开立一个基本存款账户。开立基本存款账户是开立其他银行账户的前提。

每一种银行账户都有自己的使用范围及特点，具体如表 2-4-1 所示。

表 2-4-1　银行账户

银行账户名称	使用范围	特点
基本存款账户	日常转账结算和现金收付	只能有一个
一般存款账户	借款转存、借款归还和其他资金结算	不得办理现金支取，可以有多个
专用存款账户	管理特定用途资金	用于办理各项专用资金的收付
临时存款账户	设立临时机构、异地临时经营活动、注册验资等	临时存款期限最长为 2 年，验资期间只收不付

四、税务报到

税务报到一般是进行税务登记，并且也是认定税种的过程。根据我国有关法律规定，凡是在我国境内从事生产、经营的纳税人，都要进行税务登记，一般来说，税务登记要在领取营业执照后 30 日内办理。

已实行"多证合一、一照一码"登记模式的纳税人，首次办理涉税事宜时，对税务机关依据市场监督管理等部门共享信息制作的《"多证合一"登记信息确认表》进行确认，对其中不完整的信息进行补充，对不准确的信息进行更正。

新开业纳税人可通过电子税务局，利用"新办纳税人套餐"功能，办理电子税务局注册开户、登记信息确认、财务会计制度及核算软件备案、纳税人存款账户账号报告、增值税一般纳税人登记、发票票种核定、实名办税等。具体办理过程中，纳税人可依据自身情况，按照相关提示，有选择地完成上述事项。

> **小贴士**
>
> 新成立的企业必须在取得营业执照后的 30 日内去税务局办理税务登记。30 日内未登记报到的，可能会面临 2 000 元以下的罚款；情节严重的，会面临 2 000 元以上 10 000 元以下的罚款。

业务操作

一、办理工商登记

办理工商登记的具体流程如图 2-4-2 所示。

企业名称核准 → 提交相关资料 → 相关机构审核 → 获取营业执照

图 2-4-2 办理工商登记流程

1. 企业名称核准

注册一个企业需要有一个可以用的企业名称，企业名称的组成形式为四个部分："行政区划+字号+行业或者经营特点+组织形式"。一般情况下要求提供 3～5 个备选名称，实际操作中，经常会出现想要注册的企业名称早已有人注册，

企业开办

或者违反名称设置的相关规则的情况。因此，拟定 3～5 个备选名称是有必要的。

2. 提交相关资料

注册企业需要提交的资料如下。

① 企业法定代表人签署的《企业设立登记申请书》。

② 全体投资人的资格证明（自然人提供身份证原件，企业法人提供营业执照）。

③ 企业章程。企业章程可以登录税务局网站下载章程模板，企业章程需要所有股东签字并且需要企业法定代表人盖章。

④ 董事、监事、经理等的任职证明。

⑤ 董事、监事、经理等的身份证复印件。

⑥ 企业住所使用证明，如房屋租赁协议以及房屋产权复印件。

⑦ 《企业名称预先核准通知书》。

3. 相关机构审核

市场监督管理局在承诺时间内完成营业执照审批手续后，将申请资料和营业执照信息传至平台。

质监窗口收到平台推送的申请资料和营业执照信息后，需办理组织机构代码登记手续，并将组织机构代码发送至平台。

税务局、统计局及人力资源和社会保障局等部门收到平台的推送申请资料、营业执照和组织机构代码信息后，分别办理税务登记证、统计登记证和社会保险登记证等证件的相关手续，并将各登记证号发送至平台。

4. 获取营业执照

市场监督管理综合窗口收到各机构核准登记信息后，在系统平台上打印出营业执照，申请人需携带准予设立登记通知书、申请人身份证原件等资料，到综合窗口领取营业执照正副本。网上办理工商登记审批通过后，申请人可申请邮政寄递服务，也可自行在营业执照自助打印终端打印或到各区行政服务大厅窗口领取。

新设企业获取营业执照之后就有进行营业的资格了，但是还需要刻制企业所需印章、开立对公银行账户、进行税务报到、签订第三方扣款协议等，这之后企业才能正常运营。营业执照样式如图 2-4-3 所示。

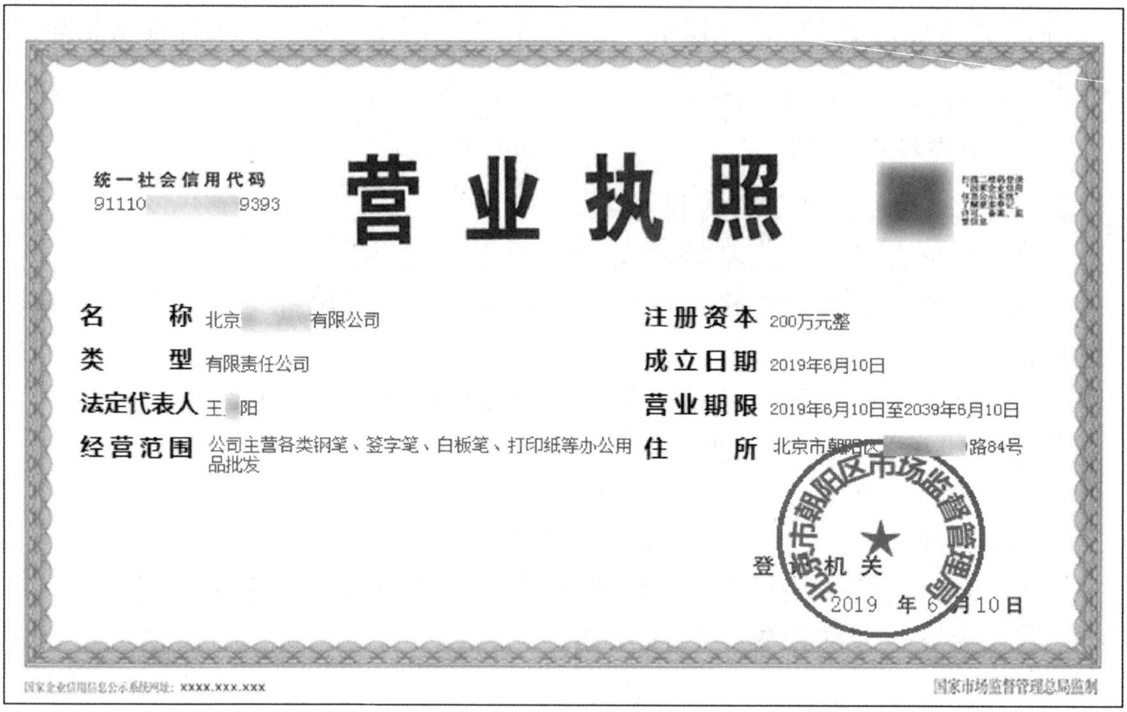

统一社会信用代码
91110[illegible]9393

营业执照

名　　称 北京[illegible]有限公司
类　　型 有限责任公司
法定代表人 王[illegible]阳
经营范围 公司主营各类钢笔、签字笔、白板笔、打印纸等办公用品批发
注册资本 200万元整
成立日期 2019年6月10日
营业期限 2019年6月10日至2039年6月10日
住　　所 北京市朝阳区[illegible]路84号

登记机关
2019 年 6 月10 日

国家企业信用信息公示系统网址：xxxx.xxx.xxx
国家市场监督管理总局监制

图 2-4-3　营业执照样式

二、办理印章

1. 实物印章的刻制

实物印章的刻制有一定的强制规范性。一般来说，企业公章、财务专用章、合同专用章、发票专用章、法定代表人章须由公安局等政府部门指定的刻章单位刻制。而现金收讫章、现金付讫章等内部用的印章一般由企业自行刻制，街边写着能刻章的店铺即可刻制简单的内部印章。

对公安局指定单位刻制的相关印章，在刻制印章前，应先准备刻章相关资料，并附印章样模，到属地公安机关备案，然后持刻制印章通知单到指定单位刻章，具体流程如图 2-4-4 所示。

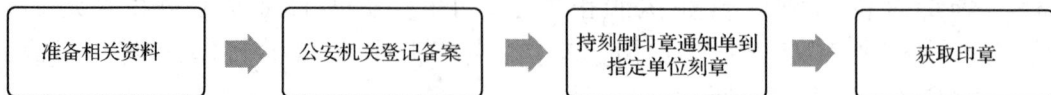

图 2-4-4　刻章流程

到公安机关登记备案准备的材料具体如下。

（1）营业执照副本原件和复印件一份。

（2）法定代表人和经办人身份证原件及复印件各一份。

（3）法定代表人授权刻章委托书一份，如图 2-4-5 所示。

授 权 刻 章 委 托 书

莆田市公安局_____分局：

本人_____（身份证号：_____）

为_____的法定代表人，现全权

委托_____同志（身份证号：_____），

代为办理"_____"的公章、

财务专用章、法定代表人章等刻制事宜。

本人承诺本次提交刻制的印章从未刻制过，保证所提供

的委托人亲笔签名以及授权委托书是真实、合法、有效的，

并愿意对被委托人从事以上行为承担相应的法律责任。

委托人（手印）：_____

委托人身份证号码：_____

被委托人：_____

被委托人身份证号码：_____

年　　月　　日

图 2-4-5　法定代表人授权刻章委托书

2. 电子印章的申请

电子印章技术以先进的数字技术模拟传统实物印章，其管理、使用方式符合实物印章的使用习惯和体验，其加盖的电子文件与实物印章加盖的纸张文件具有相同的外观、相同的有效性和相似的使用方式。

实务中，企业要使用电子印章，首先需要到电子印章管理平台（电子印章中心）申请电子印章，在合法履行完正常手续并确认无误的情况下，该平台为申请者制作电子印章，并将制作好的电子印章导入特定的存储介质，如 USBKey（U 盾）或集成电路（Integrated Circuit，IC）卡等，并提交给申请者，流程如图 2-4-6 所示。申请不同电子印章所提交的资料如表 2-4-2 所示。

| 申请者申请电子印章 | → | 平台制作电子印章 | → | 平台导入存储介质 | → | 平台提交给申请者 |

图 2-4-6 电子印章申请流程

表 2-4-2 申请不同电子印章所提交的资料

序号	电子印章的类型	提交的资料
1	公章类的电子印章	营业执照 法定代表人身份证 公章 经办人身份证 申请书（盖公章并由申请人签名） 经办人现场拍照
2	法定代表人印章	营业执照 法定代表人身份证 公章 申请书（盖公章并由申请人签名） 法定代表人现场拍照
3	其他电子印章	营业执照 法定代表人身份证 公章 经办人身份证 申请书（盖公章并由申请人签名） 经办人现场拍照 （注：申请人需提供章模）

电子印章申请完成后，平台不仅会提供电子印章给用户，还会提供一套电子印章客户端系统。这套系统应该安装在电子印章保管者所使用的计算机终端上。电子印章客户端系统主要有盖章、验章等功能。

在实务中，企业最常用的章为公章，以电子公章为例，一般情况下，可以通过以下三种方式进行电子公章申请。

① 通过公安机关申请电子公章。

这是最常规、最传统的申请电子公章的方式。申请人可先在网上填写申请信息，并持营业执照、法定代表人身份证等原件，到公安机关办理审批手续。

② 通过签章代办企业申请电子公章。

这类企业主要为用户提供签章代办的业务，可以是线上平台申请，也可以是线下门店办理。但同理，申请人需提交营业执照、法定代表人身份证、公章、经办人身份证等信息，到签章代办企业进行办理，并缴纳一定的费用。

③ 通过第三方电子合同平台申请电子公章。

第三方电子合同平台主要为企业及个人提供电子合同、电子文件签署及存证服务，但由于电子合同的签署涉及印章的使用，因此，第三方电子合同平台也能够为用户提供电子公章申请的服务。

第三方电子合同平台对接了公安部公民网络身份识别系统等权威系统，可快速进行企业、个人信息审核，帮助企业及个人完成电子公章的申请。申请流程如图 2-4-7 所示。

```
┌──────────┐     ┌──────────┐     ┌──────────┐     ┌──────────┐
│登录第三方电子│ ⇒  │  实名认证  │ ⇒  │  提交资料  │ ⇒  │  等待审核  │
│  合同平台  │     │          │     │          │     │          │
└──────────┘     └──────────┘     └──────────┘     └──────────┘
```

图 2-4-7　第三方电子合同平台电子公章申请流程

目前，在电子印章方面，我国没有统一的标准，不同企业所提供的电子印章的标准、品质、性能尚存在差异。

🔍 小贴士

《国务院关于在线政务服务的若干规定》中提到，国家建立权威、规范、可信的统一电子印章系统。国务院有关部门、地方人民政府及其有关部门使用国家统一电子印章系统制发的电子印章。由此可见，不久的将来，我国会实现企业电子印章和实物印章的集中统一管理。这既能解决使用印章的安全问题，又能确保用印的方便性，有效防控印章使用风险，实现印章系统化管理。

---

3. 印章的使用

在使用实物印章的时候，需要先提出申请，然后按照企业管理规定审批后方可使用。使用时印泥应均匀蘸色，先在其他纸面试盖印章，看印鉴是否清晰，然后再将印章盖在票据或合同等正式文件的相应位置上。使用印章后，要妥善收存印章。若要将印章带离公司，需办理报批和登记手续。

盖章时用以下技巧以保证印鉴的清晰。

（1）印章接触纸面后紧紧按住印章，防止错位、移位。

（2）盖章后迅速离开纸面，防止留有模糊印记及重影。

（3）加盖印章的票据不要立刻用来覆盖其他物品。

电子印章的使用和实物印章的使用逻辑基本相同。如前文所述，首先需要有一套专用的电子印章客户端系统，该系统由电子印章管理平台（电子印章中心）提供并安装在特定的计算机终端上。使用电子印章的操作步骤如图 2-4-8 所示。

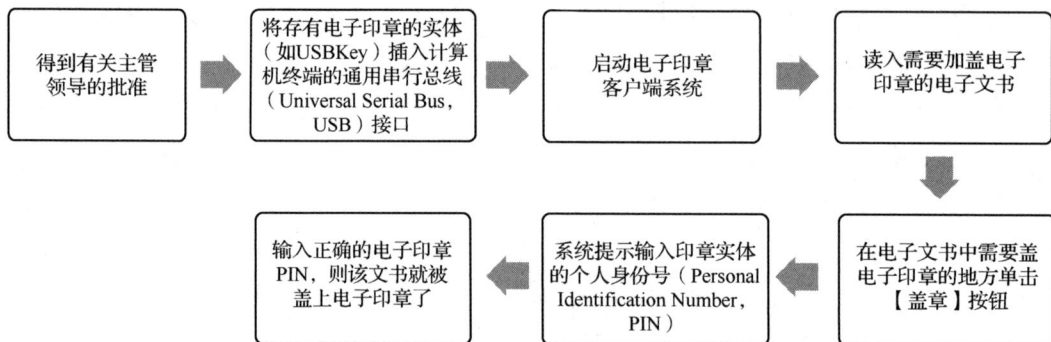

```
┌──────────────┐    ┌──────────────────────┐    ┌──────────────┐    ┌──────────────┐
│ 得到有关主管   │ →  │ 将存有电子印章的实体    │ →  │ 启动电子印章   │ →  │ 读入需要加盖电子 │
│ 领导的批准     │    │（如USBKey）插入计算   │    │ 客户端系统     │    │ 印章的电子文书  │
│               │    │ 机终端的通用串行总线    │    │               │    │               │
│               │    │（Universal Serial Bus,│    │               │    │               │
│               │    │  USB）接口            │    │               │    │               │
└──────────────┘    └──────────────────────┘    └──────────────┘    └──────────────┘
                                                                              │
                                                                              ↓
┌──────────────┐    ┌──────────────────────┐    ┌──────────────┐
│ 输入正确的电子  │ ←  │ 系统提示输入印章实体    │ ←  │ 在电子文书中需要盖 │
│ 印章PIN，则该  │    │ 的个人身份号（Personal│    │ 电子印章的地方单击 │
│ 文书就被盖上    │    │ Identification Number,│    │【盖章】按钮     │
│ 电子印章了     │    │  PIN）               │    │               │
└──────────────┘    └──────────────────────┘    └──────────────┘
```

图 2-4-8　电子印章的使用步骤

验证带有电子印章的电子文书时，也需要使用装有电子印章客户端系统的计算机终端。当带有电子印章的电子文书被打开后，电子印章客户端系统会自动验证该电子文书的电子印章是否有效。如果电子文书被修改过，或电子印章是被复制粘贴在当前的电子文书上的，则电子印章客户端系统能够发现并立即警告用户电子文书已被修改过或电子文书上所加盖的是无效电子印章，且使该电子印章不能正常显示，从而达到保护电子文书的完整性以及检验电子印章和特定的电子文书必须是相关联的目的。

4. 印章的保管

由于每个印章的作用不同，因此每个企业对印章的管理都有相应的制度。一般来说，各个印章要放在相应的保管人处，如表 2-4-3 所示。

表 2-4-3　印章保管

印章类型	保管人
公章	总经理或总经理授权人员处
财务专用章	财务经理或财务经理指定的人员处
合同专用章	总经理指定的办公室人员
发票专用章	销售会计管理，有的小企业交给出纳管理

续表

印章类型	保管人
法定代表人章	法定代表人或法定代表人授权人员处
现金收付讫章	出纳
作废章	出纳

① 银行预留印鉴的保管。

银行预留印鉴是企业在银行开设账户时，需要在银行预留的印鉴，作为企业在银行办理各种银行业务的身份证明。很多银行在办理业务时"认章不认人"。实务中常配套作为企业在银行的预留印鉴，可以是"财务专用章+法定代表人章"或"公章+法定代表人章"。企业的银行预留印鉴应该由专门人员分别保管。

🔍 **小贴士**

银行预留印鉴管理办法

存款人为企业的，其银行预留印鉴为该企业的公章或财务专用章加其法定代表人（单位负责人）或其授权的代理人的签名或者盖章。存款人为个人的，其预留签章为该个人的签名或盖章。

② 印鉴遗失或需要更换银行预留印鉴的处理。

企业如果发生印鉴遗失或需要更换银行预留印鉴的情况，应向开户银行提出申请，填写印鉴变更申请书并将其与证明情况的公函一并交银行审核，经银行同意后，银行发给新印鉴卡，正面加盖新印鉴，更换印鉴的需在背面加盖原银行预留印鉴，并与银行约定新印鉴的启用日期。

若办理变更银行预留印鉴，则需要法定代表人携带法定代表人证明书；若委托他人办理，则需要被委托人携带法定代表人授权委托书（内容为"特委派员工××，身份证号为××，前去办理，望贵行予以协助"等文字）。

若电子印章遗失的，应立即到电子印章管理平台（电子印章中心）进行挂失。

👤 三、办理银行账户事务

实务中，银行账户的开户，是指开立基本存款账户。开立时需填制银行开户申请书，同时向银行咨询并提供开户所需的证照资料，开户银行审核通过，进行备案，就完成了银行基本存款账户的开立，具体如图 2-4-9 所示。

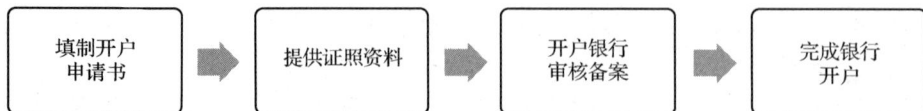

图 2-4-9　银行账户办理流程

1. 填制开户申请书

① 填写开立单位银行结算账户申请书。

按照要求填明：申请开户单位名称；单位性质及级别；上级主管部门；营业执照注册号；单位地址、电话；资金来源和运用情况；生产经营范围等。申请书填制完成后由单位盖章后交给银行审查。

② 填写印鉴卡片。

印鉴卡片应盖有开户单位公章及财务主管或会计经办人员名章。印鉴卡片是单位与银行事先约定的一种付款的法律依据。因此，银行在为单位办理结算业务时，应校对印鉴卡片上预留的印鉴，如果付款凭证上加盖的印章与印鉴卡片上的印鉴不符，银行就不能办理付款，以保障开户单位的存款安全。

2. 提供证照资料

填写完申请开户的资料后，需向银行柜员提交相关证照资料。

（1）营业执照正副本。

（2）法定代表人身份证。

（3）开立单位银行账户申请书。

（4）单位公章、财务专用章、法定代表人印章。

（5）账户管理协议机构税收居民身份声明文件。

（6）如非法定代表人本人来办理，由法定代表人委托他人办理时需提供委托书及委托人的身份证复印件。

3. 开户银行审核备案

基本存款账户开立后，当日在中国人民银行系统进行备案即可，中国人民银行不再核发开户许可证。

开户需审核：开户证明文件的正式性、完整性和合规性，开户申请人与开户证明文件所属人的一致性，以及开户意愿的真实性。若开户申请人开立基本存款账户，开户银行还需向法定代表人或单位负责人核实单位开户意愿，并留存工作记录，核实方式为面对面或视频。

4．完成银行开户

开户银行完成基本存款账户开立及备案后，打印基本存款账户信息交付单位，单位基本存款账户编号代替原基本存款账户核准号使用。之后，单位就可以持基本存款账户信息办理相关银行业务。

一般情况下，开立基本存款账户要先去银行预约，可以和税务备案同时进行。税务备案、基本存款账户开立完毕后，签订第三方代扣协议。

四、办理税务报到

企业在银行开完户，还需要到税务局办理税务报到，此项业务财税代理机构可以代为办理，主要有线上和线下两种办理渠道。

1．线上新办企业税务报到

新设企业在办理工商设立、银行开户、税务报到，并与银行签订第三方代扣协议等事项后，通过新办纳税人套餐功能，输入统一社会信用代码、法定代表人身份证号码、经办人姓名和验证码，即可进入办理新办纳税人套餐业务。

以山东省为例，打开山东省电子税务局页面后，单击右上角的【登录】按钮，在打开的页面中单击右侧【新办纳税人套餐】按钮，如图 2-4-10 所示。

图 2-4-10 单击【新办纳税人套餐】

进入新办企业套餐页面，输入统一社会信用代码、法定代表人（负责人、业主）身份证件号码、经办人姓名、验证码，单击【我已阅读用户须知，开始办理】按钮，如图 2-4-11 所示。

图 2-4-11　新办企业套餐页面

比对系统中的工商信息，信息一致则进入"新办纳税人工商信息确认表"，填写保存完毕后，单击【下一步】按钮进入主表"新办纳税人涉税事项综合申请表"，填写是否使用发票等涉税信息，核对无误后提交，套餐服务结束。

特别提醒：企业在税务部门完成登记信息确认后，系统自动记录法定代表人、财务负责人与企业之间的关联关系。

法定代表人完成自然人注册，即可通过"企业业务"模块登录。

财务负责人可先通过电子税务局"自然人业务"模块以个人身份进行登录，在电子税务局账户中确认关联，建立人企关联关系后，再通过"企业业务"模块登录，办理相关涉税业务，以及通过账户中心添加、管理办税人员。

企业与办税人员之间需通过双向确认完成关联关系建立。企业方（法定代表人或财务负责人）和自然人，均可发起人企关联关系绑定申请，经双方相互确认后，完成人企关联关系绑定。法定代表人或财务负责人可以对新增办税人员进行授权。企业的法定代表人或财务负责人，以企业身份登录电子税务局，选择【账户中心】→【人员权限管理】→【添加办税人员】，录入新增办税人员相关信息并授予办税权限。由被添加的办税人员进行身份确认，身份确认有以下两种方式。

方式一：被添加的办税人员在登录页面选择【企业业务】，以企业身份登录电子税务局，进入页面会打开身份确认弹窗，单击【确认】按钮，完成添加办税人员操作。

方式二：被添加的办税人员在登录页面选择【自然人业务】，以个人身份登录电子税务局，选择【账户中心】→【企业授权管理】，单击【待确认授权】按钮，单击【确认】按钮，完成办税人员身份添加。

自然人也可以申请成为企业的办税人员。办税人员以自然人身份登录山东省电子税务局后，选择【账户中心】→【企业授权管理】→【申请企业授权】，申请成为该企业的办税人员。企业法定代表人或财务负责人以企业身份登录电子税务局，选择【企业业务】→【账户中心】，确认关联关系，申请人即完成与企业的关联关系绑定。

2. 线下新办企业税务报到

线下税务报到需要到企业成立所在地的区政务中心或税务大厅办理，并需要准备以下资料：

（1）营业执照正副本及复印件；

（2）公章；

（3）章程及股东身份证复印件；

（4）经办人身份证原件及复印件；

（5）经办人税务授权委托书一份；

（6）银行基本存款账户信息。

办理流程如下：

（1）经办人填写财务会计制度备案表并带上前述资料到窗口办理报到；

（2）拿到税种核定表；

（3）企业法定代表人、财务负责人、办税人员进行实名采集。

企业完成税务报到后，需要在每个纳税周期向税务机关申报缴纳税款，没有任何收入也要进行零申报（除了海口市）。企业如不按时申报，税务机关会根据情节的严重性对逾期申报行为进行处罚。

项目训练

知识训练

1. （单选题）企业领取营业执照后，需在（　　）日内办理税务登记。
　　A．10　　　　　　B．15　　　　　　C．30　　　　　　D．45

2. （多选题）银行结算账户按用途的不同，可以分为（　　）。
　　A．基本存款账户　　　　　　　B．一般存款账户
　　C．专用存款账户　　　　　　　D．临时存款账户

3. （多选题）下列选项中，关于临时存款账户的说法正确的有（　　）。
　　A．临时存款账户的有效期最长不得超过1年
　　B．临时存款账户的有效期最长不得超过2年
　　C．注册验资的临时存款账户在验资期间只收不付
　　D．注册验资的临时存款账户在验资期间只付不收

4. （多选题）一般情况下，企业会提前与银行、税务局签订三方协议，三方代表有（　　）。
　　A．本公司　　　　B．银行　　　　　C．税务局　　　　D．对方公司

5. （多选题）企业法定代表人开立银行账户时，需要携带的材料有（　　）。
　　A．营业执照正副本
　　B．法定代表人身份证
　　C．公章、财务章、法定代表人章
　　D．账户管理协议机构税收居民身份声明文件

6. （判断题）营业执照只能去现场办理。（　　）

7. （判断题）预先核准的名称有效期为3个月，有效期届满，预先核准的名称失效。（　　）

8. （判断题）新设企业所需的财务专用章、发票专用章、公章等相关印章可以自行到打印店刻制。（　　）

9. （判断题）随着科技的进步，现在很多新成立的企业都直接办理电子印章，电子印章同样具有法律效力。（　　）

10. （判断题）存款人因异地临时经营活动需要，可以申请开立专用存款账户。（　　）

11. （判断题）企业的基本存款账户可以用来办理日常转账结算和现金

收付，且一家企业可以办理多个基本存款账户。（　　　）

技能训练

1. 收集企业所在地设立登记业务的政策及办理流程，能够在相关平台上熟练完成企业设立登记等资料填报、提交和追踪工作，确保各项业务高效完成。

2. 收集企业所在地印章刻制的相关政策及办理流程，熟练办理印章的刻制申请（或电子印章申请）业务，根据制度做好印章的日常使用及保管工作。

3. 收集企业银行账户开立的办理手续和流程，能熟练处理银行账户开立相关工作。

项目五

企业变更登记

🔒 学习目标

知识目标

1. 熟悉企业的工商变更、税务变更和银行账户变更；

2. 了解企业变更业务需要提交的相关资料。

技能目标

能够顺利完成企业变更业务相关操作。

素质目标

1. 熟悉国家相关法律规范、职业道德规范，强化服务；

2. 始终秉持专业精神，勤于学习、锐意进取，持续提升专业能力。

项目描述

　　企业在经营发展的过程中，因为业务发展变化，产生的企业法人变更、股权变更、地址变更、经营范围变更等变更事项，需要通过工商管理等部门进行信息更改，并更新营业执照等相关信息。

知识准备

　　企业营业执照载明了企业的名称、住所、注册资本、经营范围、法定代表人等事项，上述事项的变更都属于企业变更。

一、工商变更

　　严格来讲，在企业注册完成之后，企业所留的信息发生的任何变动，都需要在企业登记机关进行变更登记。在实务中，工商变更主要有以下情形：

　　（1）企业名称变更；
　　（2）企业住所变更；
　　（3）企业法定代表人变更；
　　（4）企业注册资本变更；
　　（5）企业经营范围变更；
　　（6）企业类型变更；
　　（7）股东和股权变更；
　　（8）企业合并、分立变更；
　　（9）企业其他工商登记内容的变更。

二、税务变更

　　变更税务登记是指纳税人办理设立税务登记后，因税务登记内容发生变化，向税务机关申请将税务登记内容重新调整为与实际情况一致的一种税务登记管理制度。在实务中，税务变更主要有以下情形：

　　（1）改变纳税人名称、法定代表人；
　　（2）改变经济性质、增减分支机构；
　　（3）改变住所或经营地点；

（4）改变生产、经营范围或经营方式；

（5）改变注册资本、隶属关系；

（6）改变开户银行和账号；

（7）改变其他税务登记内容。

三、银行账户变更

银行账户变更是指存款人名称、单位法定代表人或主要负责人、住址以及其他开户资料的变更。单位法定代表人或主要负责人、住址以及其他开户资料发生变更时，应于5个工作日内书面通知开户银行并提供有关证明。

很多企业因经营规模变化、办公地点变更等情况，需要变更银行账户的相关信息。实务中，银行账户变更主要有以下情形：

（1）企业名称变更；

（2）企业法定代表人变更；

（3）基本存款账户变更；

（4）银行预留印鉴变更；

（5）企业地址变更等。

业务操作

一、工商变更操作流程

（1）在公司登记所在地的市场监督管理局网站上下载相应的资料（或到市场监督管理局窗口复制资料），根据具体变更内容，填写《公司变更登记申请书》等相应材料。

（2）市场监督管理局对公司提交的变更材料进行审查审核，若材料有疑问或当地市场监督管理局还要求其他证明，则公司需补充材料，若材料无疑问或补充完毕并通过，则公司领取准予变更通知书。

（3）在规定时间去市场监督管理局领取新的营业执照。

具体流程如图2-5-1所示。

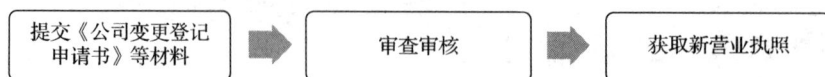

提交《公司变更登记申请书》等材料 ➡ 审查审核 ➡ 获取新营业执照

图 2-5-1 公司工商变更操作流程

二、税务变更操作流程

办理税务变更登记直接在国家税务总局电子税务局网站上进行即可。

不同地区的电子税务平台略有差异，具体根据当地的电子税务平台上的模块进行变更操作即可。

以北京市电子税务平台为例，税务变更的具体操作流程如下。

纳税人通过密码、一证通、电子营业执照等信息登录北京市电子税务局，选择【我要办税】→【综合信息报告】，如图 2-5-2 所示。

图 2-5-2　综合信息报告

在打开的页面中选择【综合信息报告】→【身份信息报告】→【变更税务登记】，如图 2-5-3 所示。

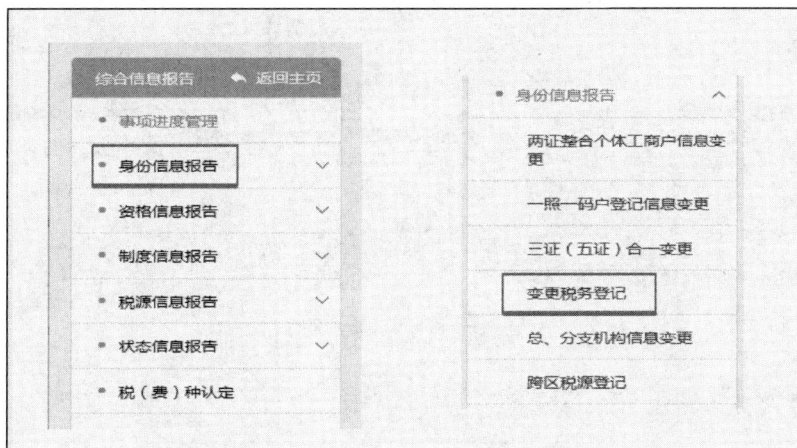

图 2-5-3　变更税务登记路径

打开"变更税务登记表"页面，单击变更项目的下拉按钮，可以选择需要变更的项目，如果需要增加变更项目，可以单击右侧【增加】按钮。变更税务登记表如图 2-5-4 所示。

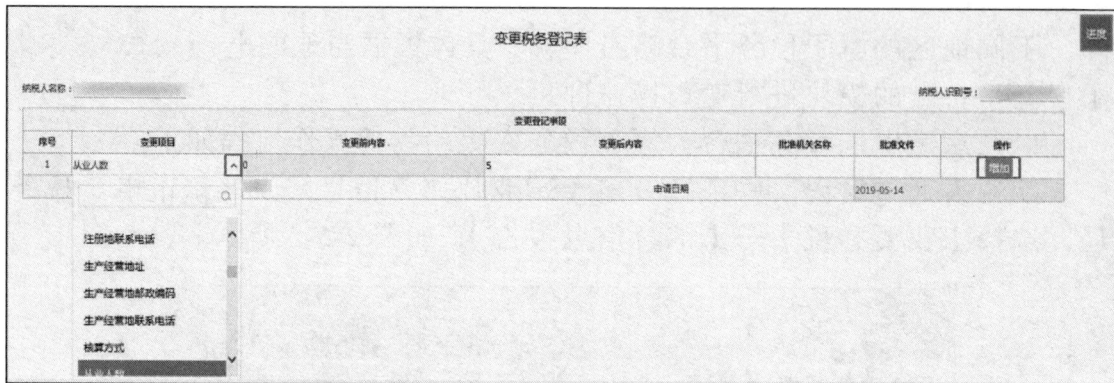

图 2-5-4　变更税务登记表

如果需要附送资料，右侧上方的【附送资料】按钮上会出现标志，单击即可查看，如图 2-5-5 所示。

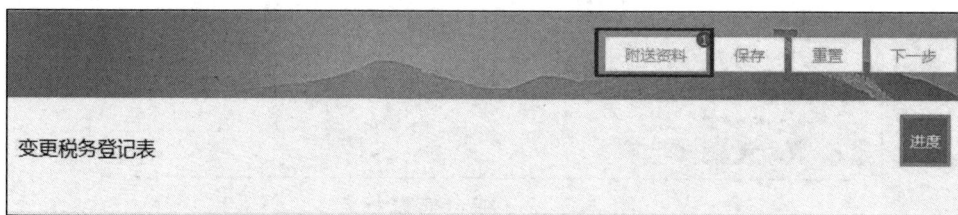

图 2-5-5　变更税务登记表——附送资料

查看后，单击【选择文件】按钮，如图 2-5-6 所示。

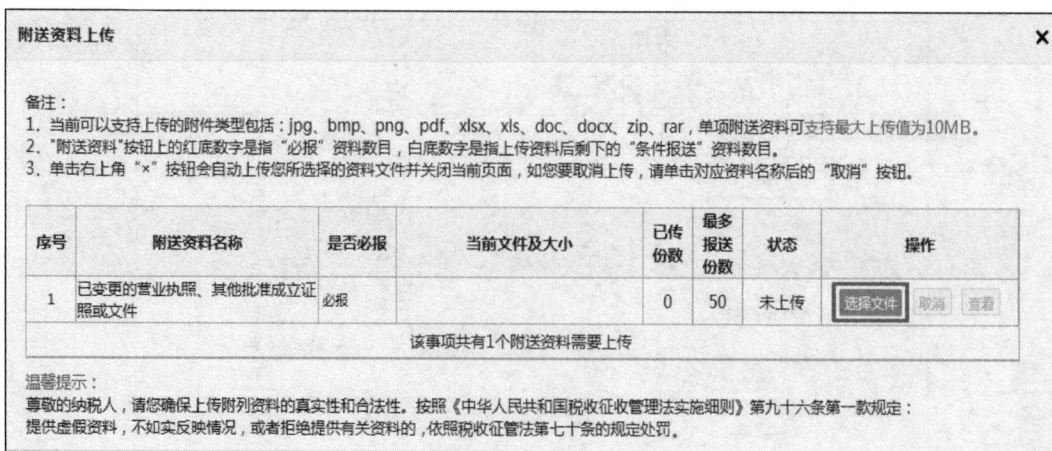

图 2-5-6　附送资料上传

选择文件后，状态为成功即可回到变更税务登记表页面，单击右上方的【保存】按钮，然后再单击【下一步】按钮，如图 2-5-7 所示，直至提示完成。

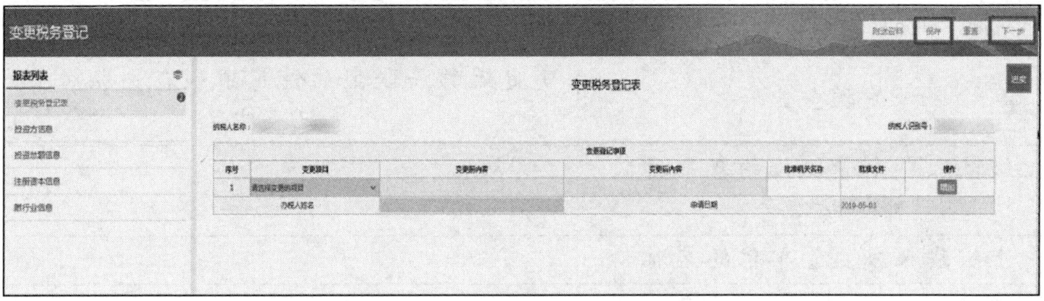

图 2-5-7　税务变更登记流程

同样，单击左侧【投资方信息】【投资总额信息】【注册资本信息】【附行业信息】按钮可以变更相应项目。

三、银行账户变更操作流程

（1）存款人需到开户银行领取变更银行账户申请书（见表 2-5-1）。

表 2-5-1　变更银行账户申请书

账户名称			
开户银行代码		账号	
账户性质	基本（　　）一般（　　）专用（　　）临时（　　）个人（　　）		
开户许可证核准号			
变更事项及变更后的内容			
账户名称			
地址			
邮政编码			
电话			
注册资金规模			
证明文件种类			
证明文件编号			
经营范围			

续表

法定代表人或单位负责人	姓名	
	证件种类	
	证件号码	
关联企业		变更后的关联企业信息填列在关联企业登记表中
上级法人或主管单位的基本存款账户核准号		
上级法人或主管单位的名称		
上级法人或主管单位法定代表人或单位负责人	姓名	
	证件种类	
	证件号码	
本存款人申请变更上述银行账户内容，并承诺所提供的资料真实、有效。 存款人（签章） 　　年　月　日	开户银行审核意见： 经办人（签章） 开户银行（签章） 　　年　月　日	人民银行审核意见： 经办人（签章） 人民银行（签章） 　　年　月　日

填表说明：

① 存款人申请变更核准类银行账户的存款人名称、法定代表人或单位负责人的，中国人民银行当地分支行应对存款人的变更申请进行审核并签署意见；

② 带括号处填"√"（一式三联，两联开户银行留存，一联中国人民银行当地分支行留存）。

（2）存款人将填写完整并加盖企业公章的申请书及变更所需的资料交开户银行。

（3）银行审核通过，银行账户变更完成。

对于银行账户变更所需的资料，存款人可以直接到银行柜台进行咨询，也可以致电开户行或者登录企业网上银行进行咨询。

项目训练

知识训练

1.（多选题）企业名称发生变更，下面各项企业证照会跟着变更的有（　　　）。

  A. 营业执照信息   B. 银行账户信息

  C. 税务登记信息   D. 银行预留印鉴信息

 2.（多选题）下列情况，需要申请银行账户变更的有（　　　）。

  A. 公司名称变更

  B. 公司法定代表人变更

  C. 公司经营规模扩大，营业地址变更

  D. 公司主营业务范围变更

 3.（多选题）下列情况，需要申请税务变更的有（　　　）。

  A. 改变名称、法定代表人

  B. 改变经济性质、增减分支机构

  C. 改变生产、经营范围或经营方式

  D. 改变开户银行和账号

 4.（判断题）"三证合一"的企业，需要在登记机关重新申请办理"五证合一"的登记。（　　　）

技能训练

 1. 收集所在地企业变更登记的政策和办理流程，熟悉所在地工商变更登记的手续和流程。

 2. 在所在地国家税务总局电子税务局模拟企业变更资料的填报、提交和追踪工作，提高工作效率。

 3. 收集所在地企业银行账户变更的手续和流程，模拟办理银行账户变更工作。

项目六

企业注销登记

🔒 **学习目标**

知识目标

1. 熟悉企业注销业务的政策和法律规范；

2. 了解企业注销业务需要提交的相关资料。

技能目标

1. 熟悉企业注销的相关业务流程；

2. 能够顺利完成企业注销相关业务。

素质目标

1. 遵守职业道德规范、保守秘密、强化服务；

2. 培养坚持学习、守正创新和锐意进取的精神。

项目描述

若企业存在经营不善导致破产清算、被其他企业收购、企业章程规定营业期限届满、企业内部分立解散、由于某种原因被依法责令关闭等情形，企业需要依法办理注销登记。

知识准备

企业注销分为简易注销和一般注销。注销适用的范围如下。

（1）对领取营业执照后，未开展经营活动（以下简称"未开业"）、申请注销登记前未发生债权债务或已将债权债务清算完结（以下简称"无债权债务"）的有限责任公司、非公司企业法人、个人独资企业、合伙企业，由其自主选择适用一般注销程序或简易注销程序。

企业注销的分类

（2）人民法院裁定强制清算或裁定宣告破产的，有关企业清算组、企业管理人可持人民法院终结强制清算程序的裁定或终结破产程序的裁定，向被强制清算人或破产人的原登记机关申请办理简易注销登记。

企业有下列情形之一的，不适用简易注销程序：

① 涉及国家规定实施准入特别管理措施的外商投资企业；

② 被列入企业经营异常名录或严重违法失信企业名单的；

③ 存在股权（投资权益）被冻结、出质或动产抵押等情形的；

④ 有正在被立案调查或采取行政强制、司法协助、被予以行政处罚等情形的；

⑤ 企业所属的非法人分支机构未办理注销登记的；

⑥ 曾被终止简易注销程序的；

⑦ 法律、行政法规或者国务院决定规定在注销登记前需经批准的；

⑧ 不适用企业简易注销登记的其他情形。

业务操作

一、简易注销

1. 申报流程

（1）以工商联络员账号登录国家企业信用信息公示系统，在网上先进行注销资料的填写、提交，再发布简易注销公告。

（2）自发布简易注销公告起1日内，工商部门推送信息至税务等部门，税务部门等利益关系方可对此提出异议。

（3）企业可在公告期届满次日起30日内，准备相关材料向工商部门提出简易注销申请。

（4）工商登记机关审查简易注销资料，经复核无异议的，工商部门及时为其办理简易注销手续。

2. 操作步骤

简易注销申报的具体操作步骤如下。

步骤一：打开"国家企业信用信息公示系统"官网，如图 2-6-1 所示。

国家企业信用信息公示系统
National Enterprise Credit Information Publicity System

▼ 企业信用信息　　　　经营异常名录　　　严重违法失信名单

🔍 请输入企业名称、统一社会信用代码或注册号　　　　　　　查 询

热搜榜：北京建工集团有限责任...　　广西钢铁集团有限公司　　中国海洋石油集团有限...　　更多

信息公告　　　企业信息填报　　　全国个体私营经济发展服务网　　　重点领域信息公示专区

图 2-6-1　国家企业信用信息公示系统

步骤二：单击【企业信息填报】按钮，如图 2-6-2 所示。

图 2-6-2　企业信息填报

步骤三：在打开的页面里，选择登记机关所在地，如图 2-6-3 所示。

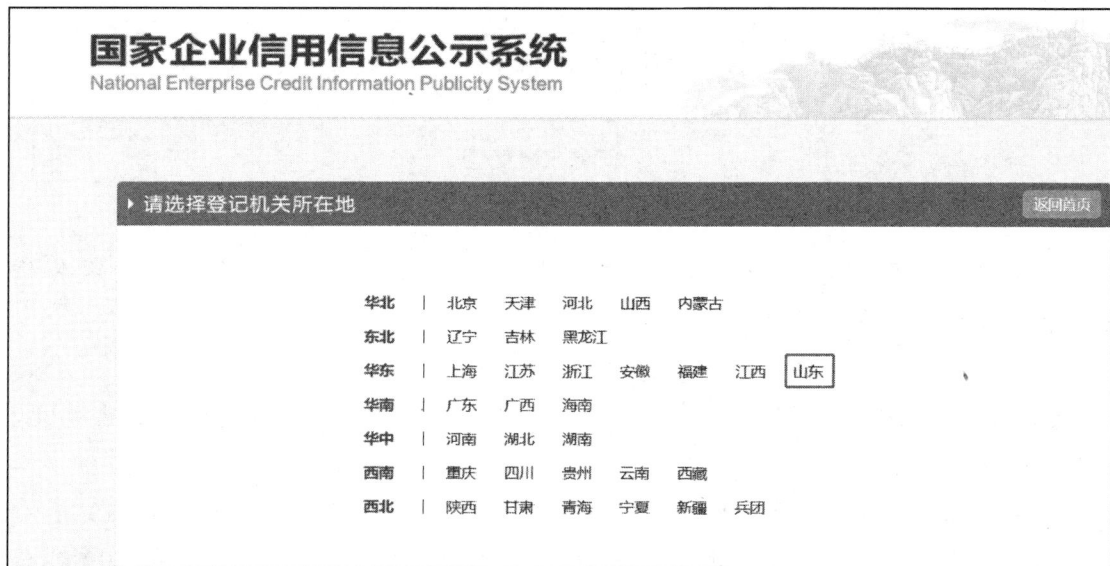

图 2-6-3　选择登记机关所在地

步骤四：已领取电子营业执照的企业可以通过电子营业执照登录方式进行登录。首次填报企业公示信息或未进行联络员备案的企业，应先进行工商联络员注册，注册成功后便可登录。如果注册信息发生变化，可以进行工商联络员变更，变更后企业可使用新联络员进行登录。农民专业合作社、个体工商户使用农专、个体用户登录方式进行登录。登录页面如图 2-6-4 所示。

图 2-6-4　登录页面

步骤五：登录后，需要根据提示内容上传全体投资人承诺书以示公告（取代了传统的登报公告）。

全体投资人承诺书

现向登记机关申请＿＿＿＿＿＿＿＿＿＿＿＿＿＿＿＿＿＿（企业名称）的简易注销登记，并郑重承诺以下内容。

本企业申请注销登记前未发生债权债务/已将债权债务清算完结，不存在未结清清算费用、职工工资、社会保险费用、法定补偿金和未缴清的应缴纳税款及其他未了结事务，清算工作已全面完结。

本企业承诺申请注销登记时不存在以下情形：涉及国家规定实施准入特别管理措施的外商投资企业；被列入企业经营异常名录或严重违法失信企业名单的；存在股权（投资权益）被冻结、出质或动产抵押等情形的；有正在被立案调查或采取行政强制、司法协助、被予以行政处罚等情形的；企业所属的非法人分支机构未办理注销登记的；曾被终止简易注销程序的；法律、行政法规或者国务院决定规定在注销登记前需经批准的；不适用企业简易注销登记的其他情形。

本企业全体投资人对以上承诺的真实性负责，如果违法失信，则由全体投资人承担相应的法律后果和责任，并自愿接受相关行政执法部门的约束和惩戒。

全体投资人签字（盖章）：

全体投资人承诺书需要全体投资人签字盖章（如是自然人，需本人亲笔签字，不可代签）。在公告后，公示系统会在当地营业执照登记机关办理的时间段（不可提前、不可延后）显示该内容。

在公告满 45 天后，企业可携带申请书、指定代表或者共同委托代理人授权委托书、全体投资人承诺书、营业执照正副本原件到当地营业执照登记机关提交申请，登记机关会在 3 个工作日内依法作出是否准予简易注销登记的决定。

二、一般注销

企业一般注销的流程如图 2-6-5 所示。

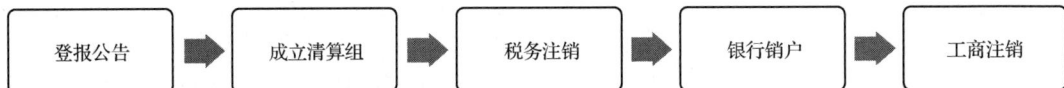

登报公告 ➡ 成立清算组 ➡ 税务注销 ➡ 银行销户 ➡ 工商注销

图 2-6-5 企业一般注销的流程

1. 登报公告

按照《中华人民共和国公司法》（以下简称《公司法》）第二百三十五条的规定，清算组应当自成立之日起十日内通知债权人，并于六十日内在报纸上或者国家企业信用信息公示系统公告。因此，在成立清算组之后，要进行登报公告。

如果在报纸上刊登注销，应公告 45 天，注销公告一般是到当地市级以上公开发行的报纸进行登报。

注销公告登报格式

北京×××有限公司（注册号：11000041018×××）经股东会决议拟向公司登记机关申请注销登记，清算组由××和××组成，××任组长。请债权债务人自见报之日起45日内向本公司清算组申报债权债务，特此公告。

2. 成立清算组

有限责任公司的清算组是由股东组成的，清算工作主要包括接管公司财产、了结公司未了业务、收取债权、清理债务、分配剩余财产、注销公司法人资格并吊销营业执照。债权人应当在收到通知后的30日内，向人民法院申报债权，提出清算方案，其主要内容包括清算费用、应支付的职工工资和社会保险费、应缴纳的税款、清偿公司债务、分配剩余财产、终结清算工作。

具体的清算流程如图2-6-6所示。

成立清算组 ➡ 展开清算工作 ➡ 通知债权人申报债权 ➡ 提出清算方案

图 2-6-6　清算流程

3. 税务注销

（1）税务注销登记的情形不同，办理手续则不同，具体内容如表2-6-1所示。

表 2-6-1　税务注销登记的情形及相关手续

序号	税务注销登记的情形	相关手续
1	解散、破产、撤销的	需要在工商行政管理等机关办理注销登记的，应当在办理之前，先持有关证件和资料向原税务登记机关申报办理注销税务登记。反之，应当自有关机关批准或者宣告终止之日起15日内，持有关证件和资料向原税务登记机关申报办理注销税务登记
2	被吊销营业执照或者被撤销登记的	应当自营业执照被吊销或者被撤销登记之日起15日内，向原税务登记机关申报办理注销税务登记
3	因住所、经营地点变动，涉及改变税务登记机关的	应当在向工商行政管理等机关申报办理变更、注销登记前（或者住所、经营地点变动前），持有关证件和资料，向原税务登记机关申报办理注销税务登记，并自注销税务登记之日起30日内向迁达地税务机关申报办理税务登记

续表

序号	税务注销登记的情形	相关手续
4	境外企业在中国境内承包建筑、安装、装配、勘探工程和提供劳务的	应当在项目完工、离开中国境内前 15 日内，持有关证件和资料，向原税务登记机关申报办理注销税务登记

（2）办理清税需要提交的资料如表 2-6-2 所示。

表 2-6-2　办理清税需要提交的资料

资料名称		填报须知	必报资料	条件报送资料	留存备查
清税申报表或注销税务登记申请表共 2 份			√		
经办人身份证原件			√		
未启用统一社会信用代码的	税务登记证件和其他税务证件	1. 在网上办理时，在线填写（或上传）对应表单 2. 在窗口办理时，纳税人需提交加盖公章的表单和对应的纸质资料 3. 纳税人提供的各项资料为复印件的，均须注明"与原件一致"并签章 4. 经过实名信息验证的办税人员，不再提供登记证件、身份证件，上级主管部门批复文件或董事会决议复印件，项目完工证明、验收证明等相关文件复印件和发票领用簿等资料		√	
被市场监督管理机关吊销营业执照的	市场监督管理机关发出的吊销工商营业执照决定复印件			√	
上级主管、董事会决议注销的	上级主管部门批复文件或董事会决议复印件			√	
境外企业在中国境内承包建筑、安装、装配、勘探工程和提供劳务的	项目完工证明、验收证明等相关文件复印件			√	
已领取发票领用簿的纳税人	发票领用簿			√	
使用其他按规定应收缴的设备的纳税人	其他按规定应收缴的设备			√	
结果样本	清税证明				√

4. 银行销户

（1）银行账户撤销的情况。

一般情况下，需要将银行账户撤销的情况有以下几种。

① 被撤并、解散、宣告破产或停业关闭的。

② 由于时间关系必须终止账户使用的（临时存款账户2年期满）。

③ 因迁址需要变更开户银行的。

④ 其他原因需要撤销银行账户的。

综上所述：①、②两种情况，可以归纳为死亡原因；③为迁址原因；④为其他原因。

（2）办理银行账户撤销的流程。

在办理银行账户撤销时，其基本的流程如下。

① 存款人先到开户银行领取撤销银行账户申请书。

② 存款人将填写完整并加盖公司公章的申请书及相关资料送交开户银行。

③ 银行审核通过，账户撤销完成。

公司被撤并、解散、宣告破产或关闭的应于5个工作日内向开户银行提出撤销银行账户的申请。

公司在办理银行账户撤销时，首先要同开户银行核对账户的余额并结算全部利息，核对无误后开出支取凭证结清余额，同时将未用完的各种重要空白凭证交给银行注销，然后才可办理撤销手续。

另外，由于撤销银行账户的公司未交回空白凭证而产生的一切问题应由该公司自行承担责任。

5. 工商注销

工商注销登记需要提交的材料如下。

① 公司注销登记申请书。

② 公司依照《公司法》作出解散的决议或者决定，人民法院的破产裁定、解散裁判文书，行政机关责令关闭或者公司被撤销的文件。

③ 股东会、股东大会、一人有限责任公司的股东或者人民法院、公司批准机关备案、确认的清算报告。

④ 国有独资公司申请注销登记，还应当提交国有资产监督管理机构的决定。其中，国务院确定的重要的国有独资公司，还应当提交本级人民政

府的批准文件复印件。

⑤ 已领取纸质版营业执照的，应缴回营业执照正副本。

小贴士

有限责任公司由代表三分之二以上表决权的股东签署确认；一人有限责任公司由股东签署确认；股份有限公司由股东大会会议主持人及出席会议的董事签字确认；国有独资公司由国务院、地方人民政府或者其授权的本级人民政府国有资产监督管理机构签署确认；公司破产程序终结后办理注销登记的，不提交确认清算报告的确认文件，提交人民法院关于破产程序终结的裁定书。

项目训练

知识训练

1.（单选题）企业被吊销营业执照或者被撤销登记的，应当自营业执照被吊销或者被撤销登记之日起（　　　）日内，向原税务登记机关申报办理注销税务登记。

　　A. 10　　　　　　B. 15　　　　　　C. 20　　　　　　D. 30

2.（单选题）企业发生破产，采用一般注销方式的流程是（　　　）。

　　A. 登报公告—成立清算组—银行销户—税务注销—工商注销

　　B. 登报公告—成立清算组—工商注销—税务注销—银行销户

　　C. 登报公告—成立清算组—税务注销—银行销户—工商注销

　　D. 登报公告—成立清算组—工商注销—银行销户—税务注销

3.（多选题）企业下列（　　　）情形，不适用简易注销程序。

　　A. 曾被终止简易注销程序的

　　B. 涉及国家规定实施准入特别管理措施的外商投资企业

　　C. 被列入企业经营异常名录或严重违法失信企业名单的

　　D. 企业所属的非法人分支机构未办理注销登记的

4.（多选题）一般情况下，需要将银行账户撤销的情况有（　　　）。

　　A. 因迁址需要变更开户银行的

　　B. 由于时间关系必须终止账户使用的（临时存款账户2年期满）

C. 被撤并、解散、宣告破产或停业关闭的

D. 其他原因需要撤销银行账户的

技能训练

　　根据前面所学的企业注销相关知识和业务内容，在操作平台，按照登报公告—成立清算组—税务注销—银行销户—工商注销的顺序，模拟完成企业的一般注销业务流程。

项目七

发票开具

🔒 学习目标

知识目标

1. 掌握数电票的相关规定；

2. 熟悉税务数字账户的功能和作用。

技能目标

1. 掌握蓝字和红字数电票的开具；

2. 掌握税务数字账户的发票勾选确认、发票查询统计、发票查验、红字信息确认单、授信额度调整申请、涉税信息查询等功能的操作。

素质目标

1. 遵守职业道德规范，保守秘密、强化服务；

2. 勤勉尽责、爱岗敬业、忠于职守、维护国家财经纪律和经济秩序。

项目描述

发票是一切单位和个人在购销商品、提供或接受服务以及从事其他经营活动中，所开具和收取的业务凭证，是会计核算的原始依据，也是审计机关、税务机关执法检查的重要依据。发票的申请和使用是财税代理非常重要的一项工作。

知识准备

一、数电票

全面数字化的电子发票简称为数电票，是与纸质发票具有同等法律效力的全新发票，不以纸质形式存在，不用介质支撑，无须申请领用、发票验旧及申请增版增量。纸质发票的票面信息全面数字化，将多个票种集成归并为电子发票单一票种，实现全国统一赋码、开具金额总额度管理、自动流转交付。

数电票的票面信息包括基本内容和特定内容，主要包括：二维码、发票号码、开票日期、购买方信息、销售方信息、项目名称、规格型号、单位、数量、单价、金额、税率/征收率、税额、合计、价税合计（大写、小写）、备注、开票人。

为了满足从事特定行业、经营特殊商品服务及特定应用场景业务（以下简称"特定业务"）的纳税人开具发票的个性化需求，税务机关根据现行发票开具的有关规定和特定业务的开票场景，在数电票中设计了相应的特定内容。特定业务包括但不限于稀土、建筑服务、旅客运输服务、货物运输服务、不动产销售、不动产经营租赁服务、农产品收购、光伏收购、代收车船税、自产农产品销售、差额征税、成品油、民航、铁路等。试点纳税人在开具数电票时，可以按照实际业务开展情况，选择特定业务，将按规定应填写在发票备注等栏次的信息，填写在特定内容栏次，进一步规范发票票面内容，便于纳税人使用。特定业务的数电票票面按照特定内容展示相应信息，同时票面左上角展示该业务类型的字样。

对于数电票，纳税人开业后，无须使用税控专用设备，无须办理发票票种核定，无须申请领用，系统自动赋予开具额度，并根据纳税人行为动态调整发票额度，实现开业即可开票。通过电子发票服务平台开具数电票，在开具金额总额度内，没有发票开具份数和单张开票限额限制。数电票的发票号码为 20 位，其中：第 1～2 位代表公历年度后两位，第 3～4 位代表各省、自治区、直辖市和计划单列市行政区划代码，第 5 位代表开具渠道等信息，第 6～20 位代表顺序编码等信息。数电票没有发票代码。

数电票开具后，发票数据文件自动发送至开票方和受票方的税务数字账户，方便交付入账，减少人工收发。同时，依托税务数字账户，纳税人可对全量发票数据进行自动归集，发票数据使用更高效便捷。纳税人登录电子发票服务平台后，通过开票模块，选择不同的发票类型，录入开具内容，电子发票服务平台校验通过后，自动赋予发票号码并按不同业务类型生成相应的数电票。

数电票推行后，发票管理将依托大数据管理体系，从"控票"向"控事"转变，平台功能从单一向开放生态体系转变，数电票的开具、交付、查验等应用实现深度融合，纳税人可享受"一站式"服务。国家税务总局制定发布相关标准，并向社会公众公开，不同行业、不同规模企业可免费对接税务部门信息系统，纳税人不再需要租用第三方平台。

二、税务数字账户

电子发票服务平台税务数字账户是面向纳税人、缴费人的，归集各类涉税涉费数据，集查询、用票、业务申请于一体的应用。纳税人开具和取得各类发票时，系统自动归集发票数据，推送至对应纳税人的税务数字账户，从根本上解决纳税人纸质发票管理中出现的丢失、破损及难以归集等问题。通过对全量发票数据的归集，为纳税人提供发票用途勾选确认、发票交付、发票查询统计等服务，并支持纳税人下载及打印数电票，同时满足纳税人发票查验、发票入账标识、税务事项通知书查询、税收政策查询、发票开具金额总额度调整申请等需求。

电子发票服务平台税务数字账户可以为纳税人提供发票自动交付和自行交付两种方式。自动交付是指销售方成功开具发票后，系统默认将电子发票文件及数据自动交付至购买方（包括经办人）税务数字账户。如果购买方为未录入统一社会信用代码的党政机关及事业性单位，或购买方（包括经办人）为未录入身份证件号码的自然人，系统无法自动交付，销售方可使用自行交付方式。自行交付方式是指纳税人通过电子发票服务平台税务数字账户查询发票后自行选择电子邮件、二维码、电子文件导出等方式交付数电票。

电子发票服务平台税务数字账户方便纳税人对发票数据进行增值应用，通过对纳税人的发票数据分析管理，向纳税人提供个性化信息推送服务，增进其获得感和满意度，使市场交易更加便捷便利。

业务操作

一、登录电子税务局

财税代理机构登录电子税务局后可以查看本机构所代理的纳税人的基本信息，也可以切换到本机构所代理的其他企业中。财税代理机构登录后，平台展示本机构所代理的纳税人列表。

1. 代理账号登录

以吉林省为例，打开吉林省电子税务局系统后，可以使用密码或扫码的方式登录。输入密码或扫码后，单击【登录】按钮进行用户登录。登录页面如图 2-7-1 所示。

代理机构登录

图 2-7-1　代理账号登录电子税务局

步骤一：需要输入财税代理机构统一社会信用代码/纳税人识别号、公民身份证号码/手机号码/用户名和个人用户密码,以上信息输入完毕后将滑块拖到最右侧,单击【登录】按钮。

步骤二：选择被代理企业,单击【确定】按钮进行登录。如果办税人员存在多个身份类型,会提示选择办税人员身份类型。

2. 查看企业基本信息

在菜单栏选择【企业信息管理】→【企业基本信息】,进入企业基本信息查询页面。页面展示当前企业基本信息和人员信息。企业基本信息中展示统一社会信用代码、纳税人名称、主管税务机关、纳税人状态、生产经营地址,企业人员信息中展示法定代表人姓名、法定代表人手机号、财务负责人姓名以及财务负责人手机号,如图 2-7-2 所示。

图 2-7-2　企业基本信息

3. 人员权限查看

步骤一：在菜单栏选择【企业信息管理】→【人员权限查看】,进入人员权限查看页面。页面展示当前登录的被代理企业的纳税人名称、统一社会信用代码,当前登录的用户姓名、身份类型、功能集、有效期等。

步骤二：单击【功能集】选项,进入查看人员权限页面,展示出当前登录用户的功能权限,如图 2-7-3 所示。

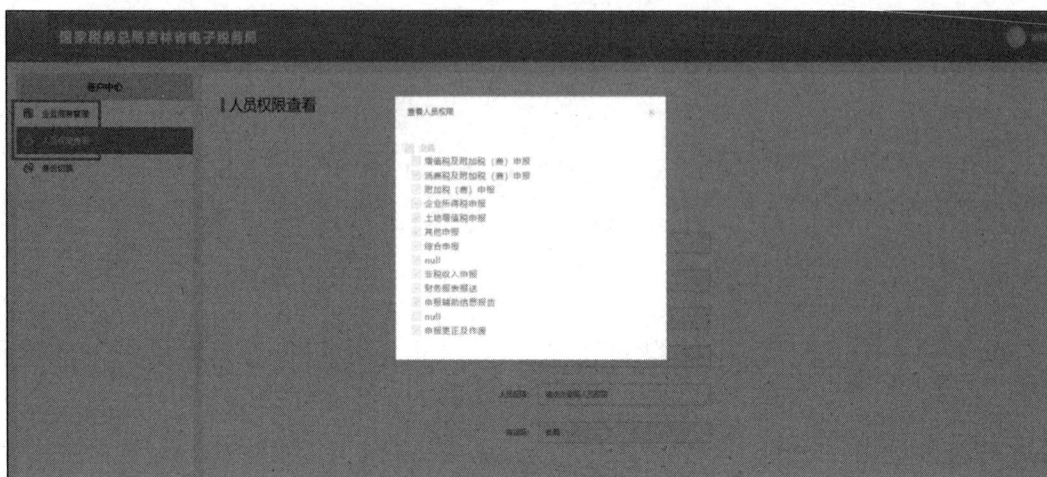

图 2-7-3　查看人员权限页面

4．企业办税

从当前登录的企业页面切换到代理的其他企业页面的操作步骤如下。

步骤一：在菜单栏选择【身份切换】→【企业办税】进入企业办税页面，页面中以列表形式展示本机构所代理的所有企业信息，包括序号、统一社会信用代码/纳税人识别号、纳税人名称、有效期起、有效期止，操作列显示【进入】按钮。企业办税页面如图 2-7-4 所示。

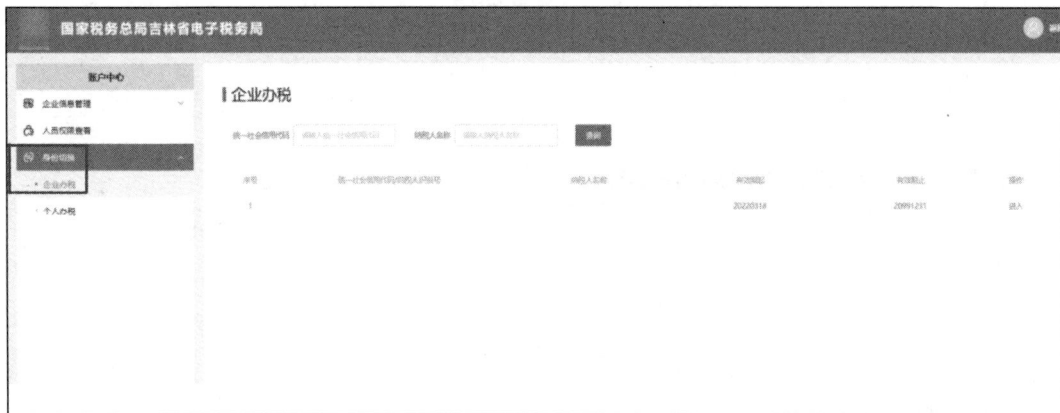

图 2-7-4　企业办税页面

步骤二：单击需要更换的企业操作列的【进入】按钮，进入该企业操作页面。

5．使用功能权限

纳税人登录电子税务局后，首页可显示纳税人相关权限功能菜单。若纳税人符合可开具电子发票等条件可在【我要办税】选项卡中的【开票业务】和【税务数字账户】功能模块进行开票。页面如图 2-7-5 所示。

图 2-7-5　【我要办税】选项卡

二、办理开票业务

1. 开票员授权

法定代表人、财务负责人可直接使用数电票相关功能，如需增加其他人员开具数电票，需要开票员授权。

（1）法定代表人、财务负责人或有管理权限的办税员登录电子税务局网页端，选择【我的信息】→【账户中心】。操作流程如图 2-7-6 所示。

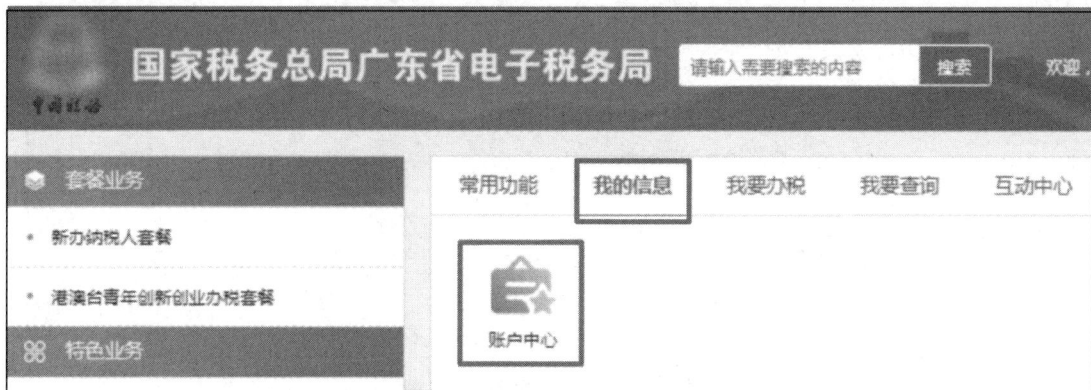

图 2-7-6　登录账户中心

（2）选择【账户中心】→【人员权限管理】，单击【添加办税人员】按钮，输入被授权人姓名、证件类型及证件号码，身份类型选择【开票员】，功能集选择【电票平台】，录入【有效期止】，单击【确定】按钮。操作界面如图 2-7-7 所示。

图 2-7-7　添加办税人员

（3）开票员以个人身份登录电子税务局，选择【账户中心】→【人员权限管理】，在操作栏单击【确认】按钮，授权成功。操作界面如图 2-7-8 所示。

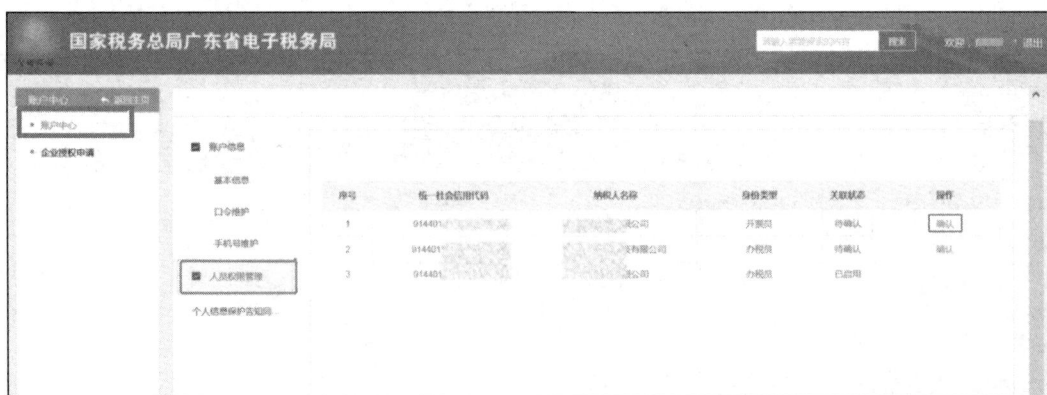

图 2-7-8　人员权限管理

2. 开具蓝字发票

（1）登录电子税务局，选择【我要办税】→【开票业务】→【蓝字发票开具】→【立即开票】。蓝字发票开具页面如图 2-7-9 所示。

图 2-7-9　蓝字发票开具页面

（2）选择发票票种等信息后，单击【确定】按钮。具体操作如图 2-7-10 所示。

图 2-7-10　立即开票页面

（3）录入或选择购买方信息、开票信息、备注信息（非必录项）、经办信息（非必录项）后，单击【发票开具】按钮。具体操作如图 2-7-11 所示。

图 2-7-11　发票开具页面

（4）系统自动进行发票赋码并生成电子发票，显示开票成功提示，发票自动传递至对方税务数字账户，也可进行邮箱、二维码交付或发票下载操作。开票成功页面如图 2-7-12 所示。

图 2-7-12　开票成功页面

3. 开具红字数电票

纳税人取得开票方通过电子发票服务平台开具的发票，发生开票有误、销货退回、服务中止、销售折让等情形，开票方需通过电子发票服务平台开具红字数电票。

（1）需要具有开票权限的人员登录电子税务局（包括法定代表人、财务负责人和开票员），在电子税务局首页选择【我要办税】→【开票业务】→【红字发票开具】。开具流程如图 2-7-13 所示。

图 2-7-13　红字发票开具流程

（2）单击【红字发票确认信息录入】进入对应模块，根据需要冲红的蓝字发票选择查询条件，单击【查询】按钮，系统会列出符合条件的所有蓝字发票信息，找到需要冲红的蓝字发票，在其右侧单击【选择】按钮进入下一步。具体如图 2-7-14 所示。

图 2-7-14　红字发票信息确认页面

（3）查看选择的蓝字发票信息，选择开具红字发票原因，核对需要开具的红字信息无误后单击【提交】按钮，系统提示红字发票信息确认单提交成功，如图 2-7-15 所示。

图 2-7-15 红字发票信息确认单提交成功

小贴士

若红字发票信息确认单无须对方确认，可以单击"提交成功"下方的【去开红字发票】按钮，系统会自动跳转红字发票开具页面。若红字发票信息确认单需对方确认则无法跳转，需等待对方确认，如图 2-7-16 所示。

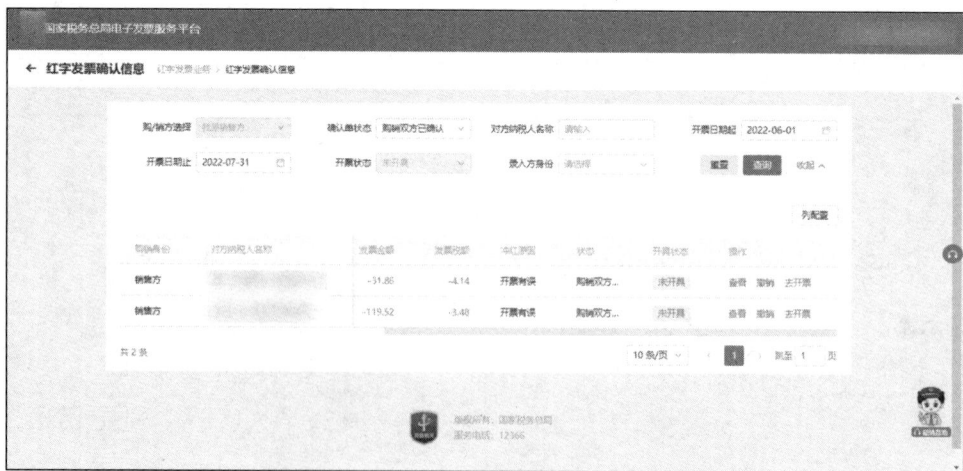

图 2-7-16 红字发票确认信息页面

待对方对红字发票信息确认单进行确认后，可以在红字发票业务首页红字发票确认信息栏内查看对应的红字发票信息确认单，当状态已变为"购销双方已确认"时就可以开具红字发票了。

通过单击【去开票】按钮可以直接跳转红字发票开具页面（如果是对方开具的红字发票信息确认单，对方确认完毕后即可开具红字发票）。

（4）在红字发票开具页面单击【红字发票开具】按钮，进入红字发票开具——列表模式，如图 2-7-17 所示。

图 2-7-17　红字发票开具——列表模式

（5）单击【切换至票面模式】按钮，也可切换到票面模式，如图 2-7-18 所示。

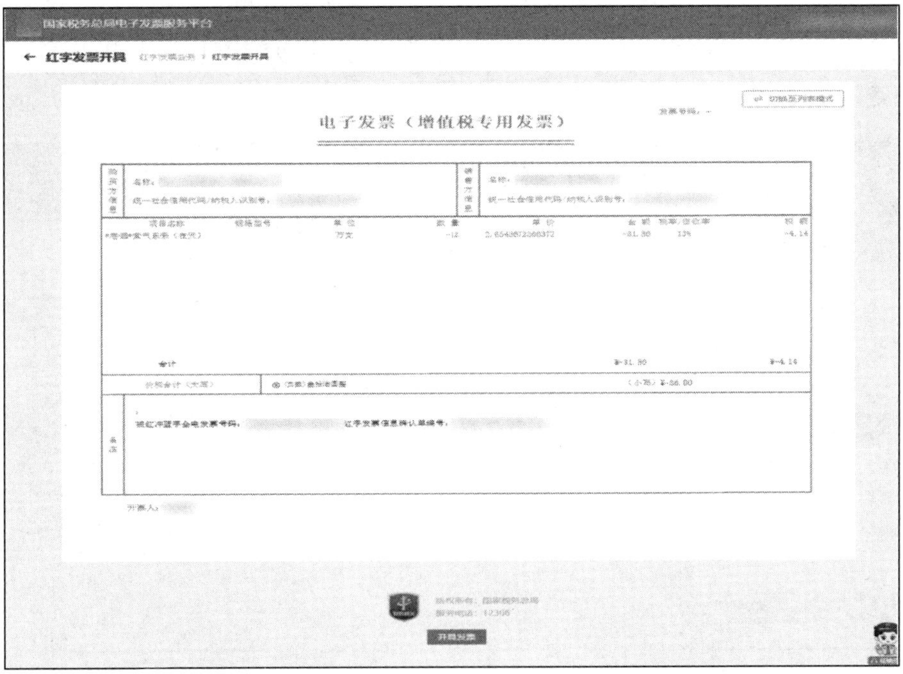

图 2-7-18　红字发票开具——票面模式

（6）单击【开具发票】按钮，提示红字发票开具成功，如图 2-7-19 所示。

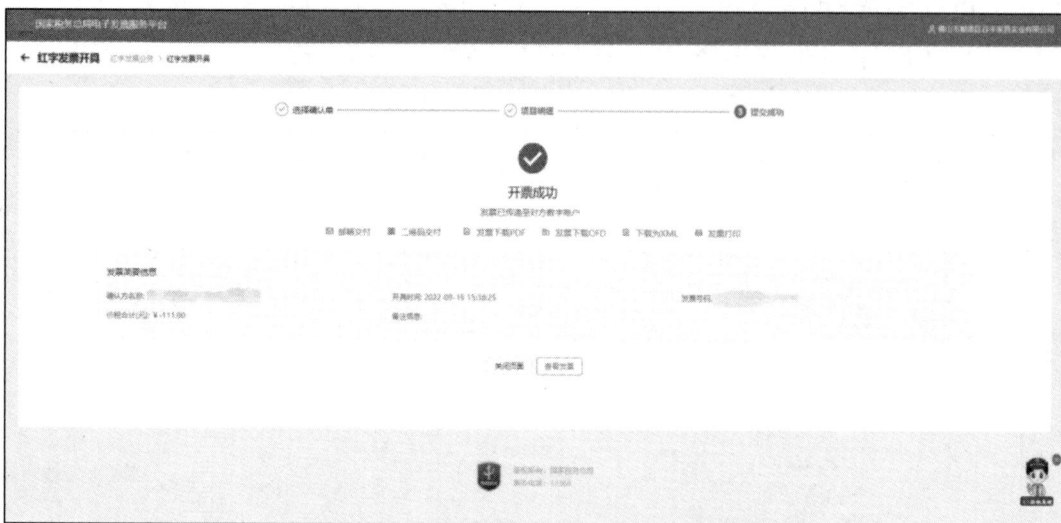

图 2-7-19　红字发票开具——开票成功

三、使用税务数字账户

税务数字账户，既用于储存纳税人详细信息，又可使办税流程更加简便。税务数字账户是纳税人在税务应用中的身份通行证明和办税操作工具，税务数字账户是税务应用和纳税人交互活动的重要接口，是展现数字化税务优质服务和优势功能的窗口。选择【我要办税】→【税务数字账户】（见图 2-7-20），即可进入税务数字账户初始页面，如图 2-7-21 所示。

图 2-7-20　选择【我要办税】→【税务数字账户】

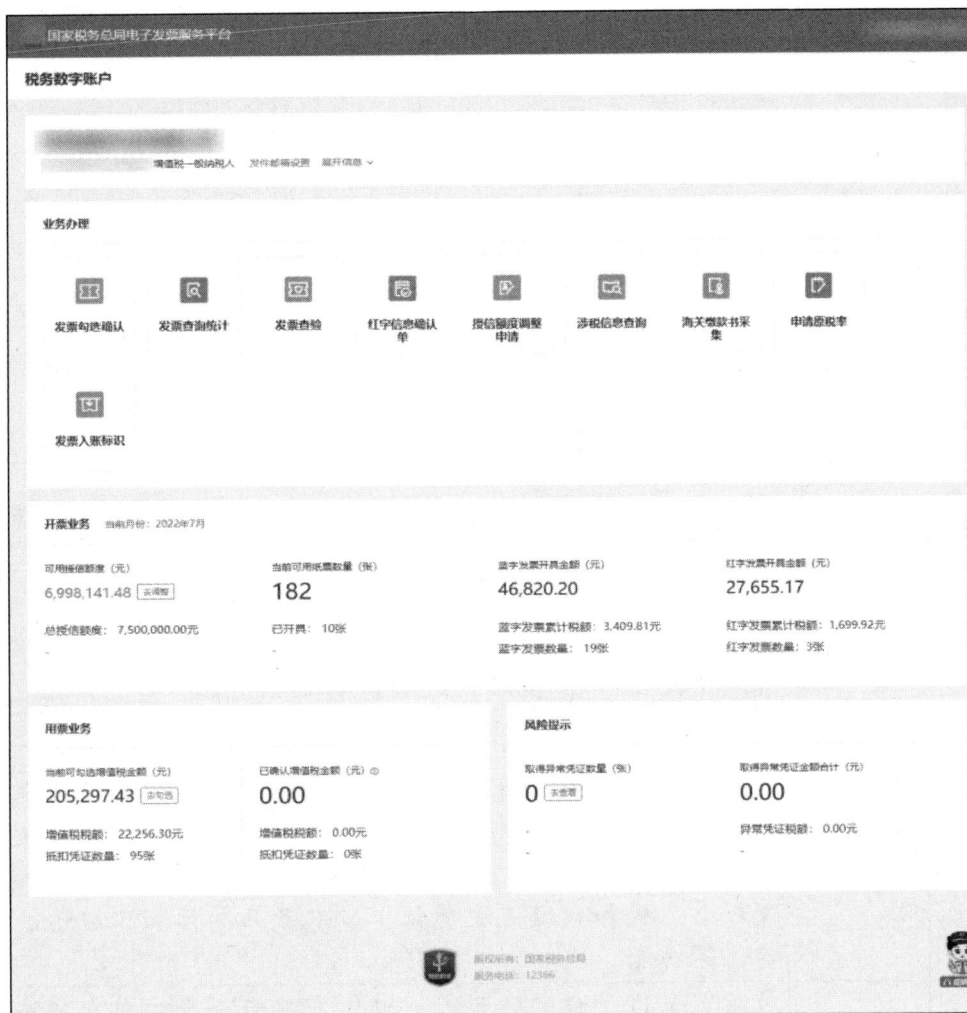

图 2-7-21 税务数字账户初始页面

1. 发票勾选确认

进入电子税务平台，选择【税务数字账户】→【发票勾选确认】，如图 2-7-22 所示，发票勾选确认页面如图 2-7-23 所示。

图 2-7-22 选择【税务数字账户】→【发票勾选确认】

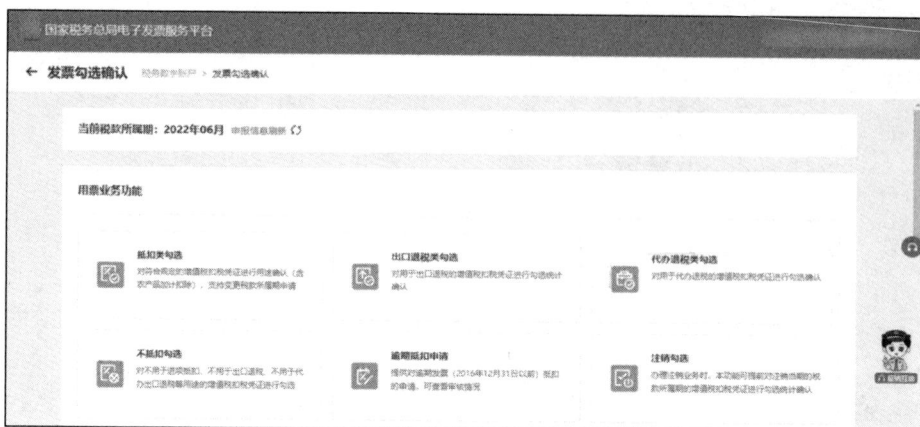

图 2-7-23　发票勾选确认页面

　　发票勾选确认有抵扣类勾选、出口退税类勾选、代办退税类勾选、不抵扣勾选、逾期抵扣申请、注销勾选等功能模块，具体功能介绍如表 2-7-1 所示。

表 2-7-1　发票勾选确认功能

序号	功能模块	功能介绍
1	抵扣类勾选	对发票进行勾选或撤销勾选，勾选的发票用于增值税申报抵扣。包含待处理农产品发票（自产农产品销售发票、从小规模纳税人处购进的 3% 农产品专票）、抵扣勾选（发票、海关缴款书、代扣代缴完税凭证）、农产品加计扣除勾选、统计确认等功能
2	出口退税类勾选	对于可出口退税的纳税人，电子发票服务平台对发票按购买方进行归集，购买方纳税人进行实名认证后，可以通过电子发票服务平台，实现对购买方纳税人的发票信息进行出口退税勾选、撤销出口退税勾选操作
3	代办退税类勾选	纳税人端具备代办退税勾选的功能，本功能只适用于有代办退税标识的发票，代办退税勾选后不可撤销
4	不抵扣勾选	本功能主要提供按照税款所属期查询和逐票勾选（支持同时勾选多份发票）的操作，实现纳税人选择相应申报期内用于申报不抵扣的增值税进项发票清单数据、海关缴款书和代扣代缴完税凭证的功能
5	逾期抵扣申请	纳税人取得 2016 年 12 月 31 日及以前开具的增值税专用发票、海关进口增值税专用缴款书、机动车销售统一发票，超过认证确认、稽核比对、申报抵扣期限，但符合规定条件的，可通过此功能申请继续用于抵扣进项税额

续表

序号	功能模块	功能介绍
6	注销勾选	通过注销勾选功能确认当月属期是否需要进行统计确认操作，如果确认进行统计确认操作，则通过抵扣勾选完毕后，可以在统计确认功能进行汇总统计与统计确认

2. 发票查询统计

纳税人可通过发票查询统计模块，查询本人各个渠道开出和收到的发票数据、海关缴款书数据、票据数据、票据状态等。该模块还可以为纳税人提供自行交付的方式，实现电子发票交付。发票查询统计功能包含全量发票查询、汇总纳税总机构汇总分支机构开票数据、发票领用及开票数据查询、未到勾选日期发票查询、出口转内销发票查询、进项税额转出情况查询。

当纳税人有取得或开具发票信息时，进入电子税务平台选择【税务数字账户】→【发票查询统计】→【全量发票查询】，如图 2-7-24 所示。

图 2-7-24　发票查询统计页面

选择相应的查询条件，单击【查询】按钮，根据查询条件展示查询结果，如图 2-7-25 所示。

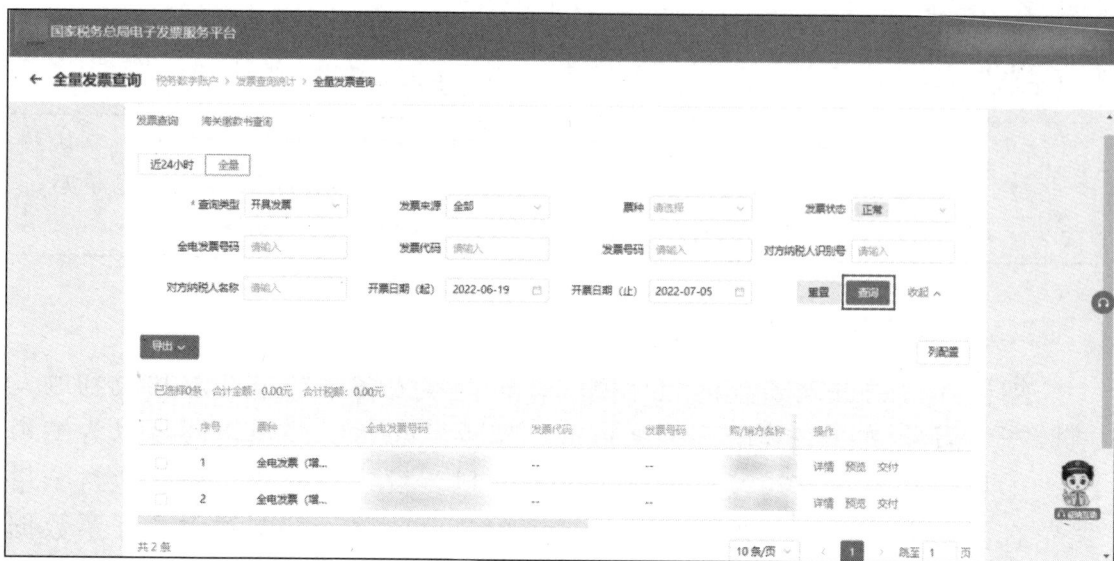

图 2-7-25　全量发票查询页面

单击【详情】按钮，系统根据纳税人所选择的发票查询该张发票当前标签信息，默认展示【状态信息】选项卡，如图 2-7-26 所示。

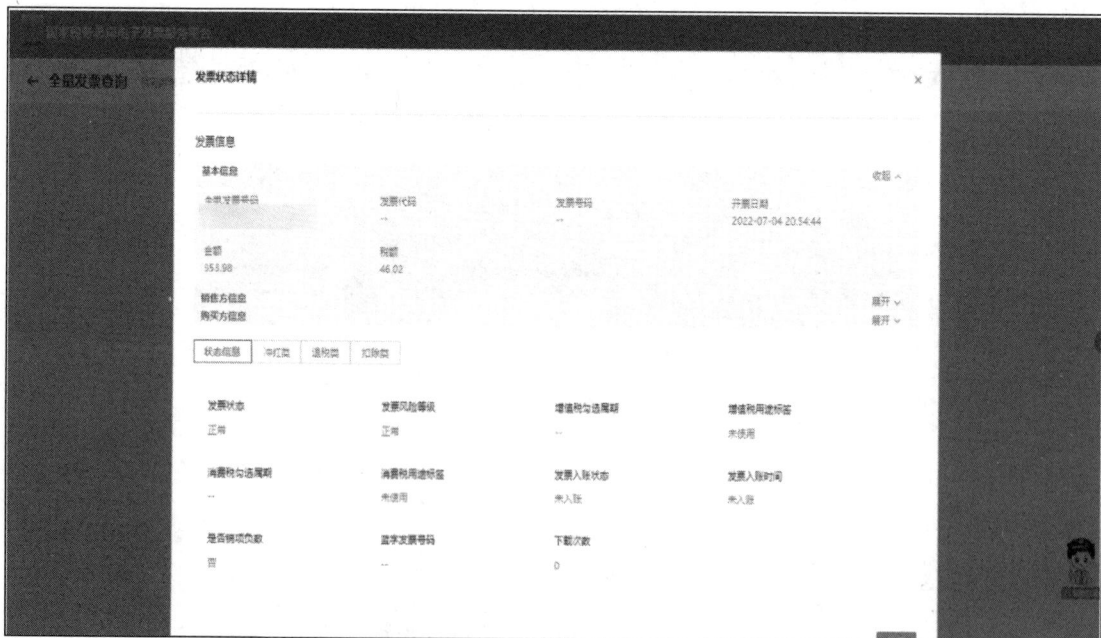

图 2-7-26　【状态信息】选项卡

3. 发票查验

税务机关通过电子发票服务平台（包括网页端、客户端、移动端和数据接口服务渠道）为纳税人提供 7×24 小时在线的发票查验服务。

选择【税务数字账户】→【发票查验】，如图 2-7-27 所示，默认打开单张查验页面，如图 2-7-28 所示。

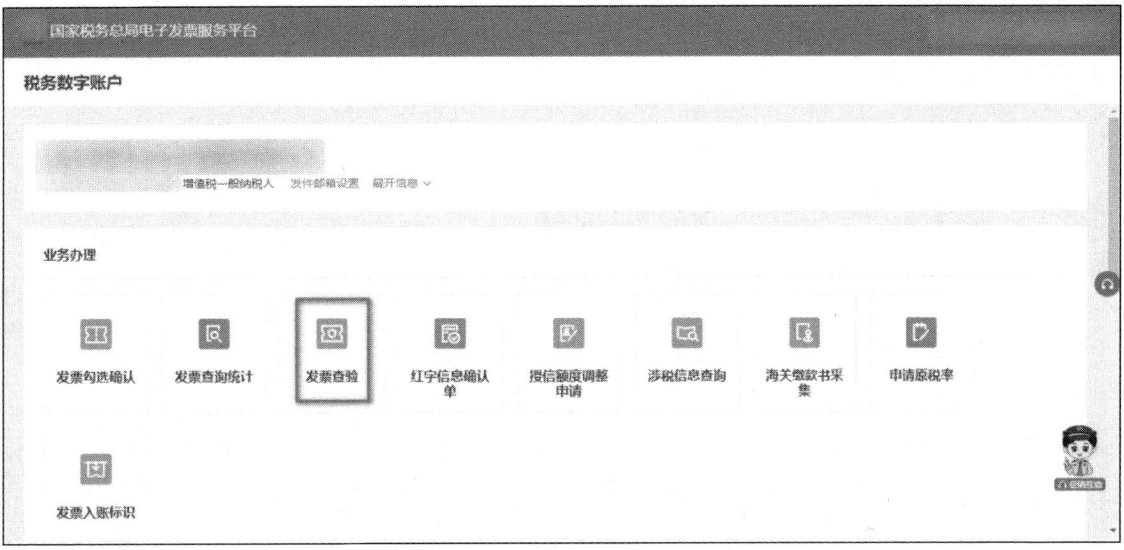

图 2-7-27　选择【税务数字账户】→【发票查验】

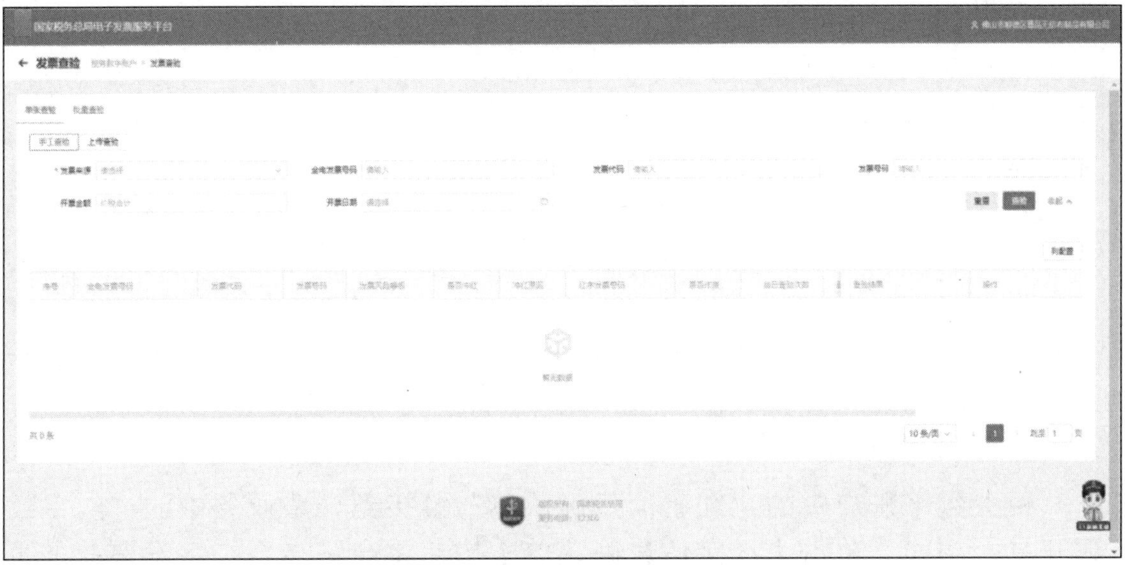

图 2-7-28　单张查验页面

单击【手工查验】按钮，录入查询条件，单击【查验】按钮，在查询结果区中显示对应的发票信息，如图 2-7-29 所示。

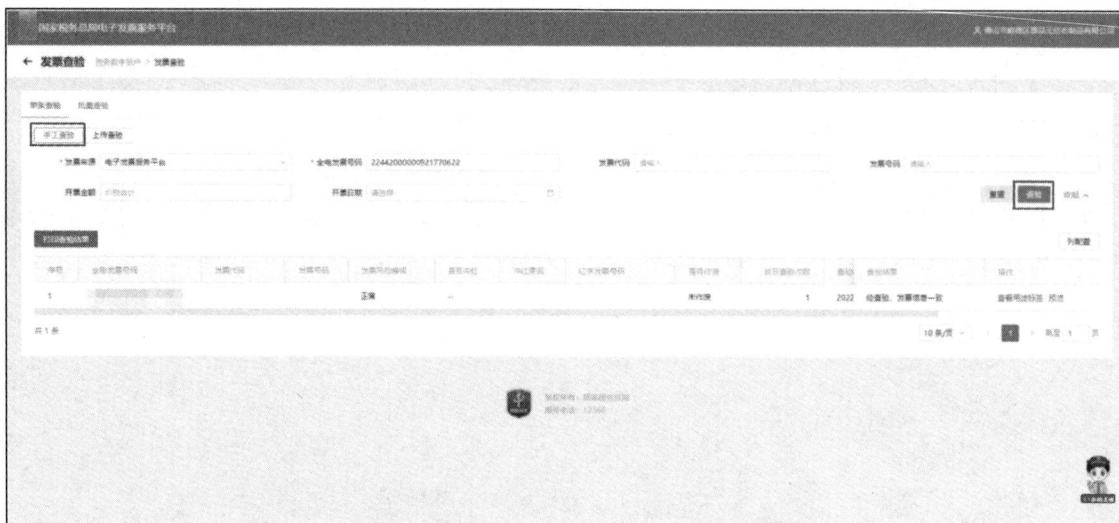

图 2-7-29　单张发票手工查验

单击【上传查验】按钮，选择需要查验的文件，文件上传完成后，单击【查验】按钮，在查验结果区中会显示对应的发票信息，如图 2-7-30 所示。

图 2-7-30　单张发票上传查验

4. 红字信息确认单

税务数字账户中的"红字信息确认单"链接到开票业务中的"红字发票开具"功能，单击【红字信息确认单】按钮将会跳转至红字发票业务页面，如图 2-7-31 所示。当纳税人是开票试点及受票试点纳税人时，可以看到并使用"红字发票开具"模块下的所有功能；当纳税人仅为受票试点纳税人时，仅可使用"红字发票确认信息录入""红字发票确认信息处理"模块，无法看到"红字发票开具"模块。

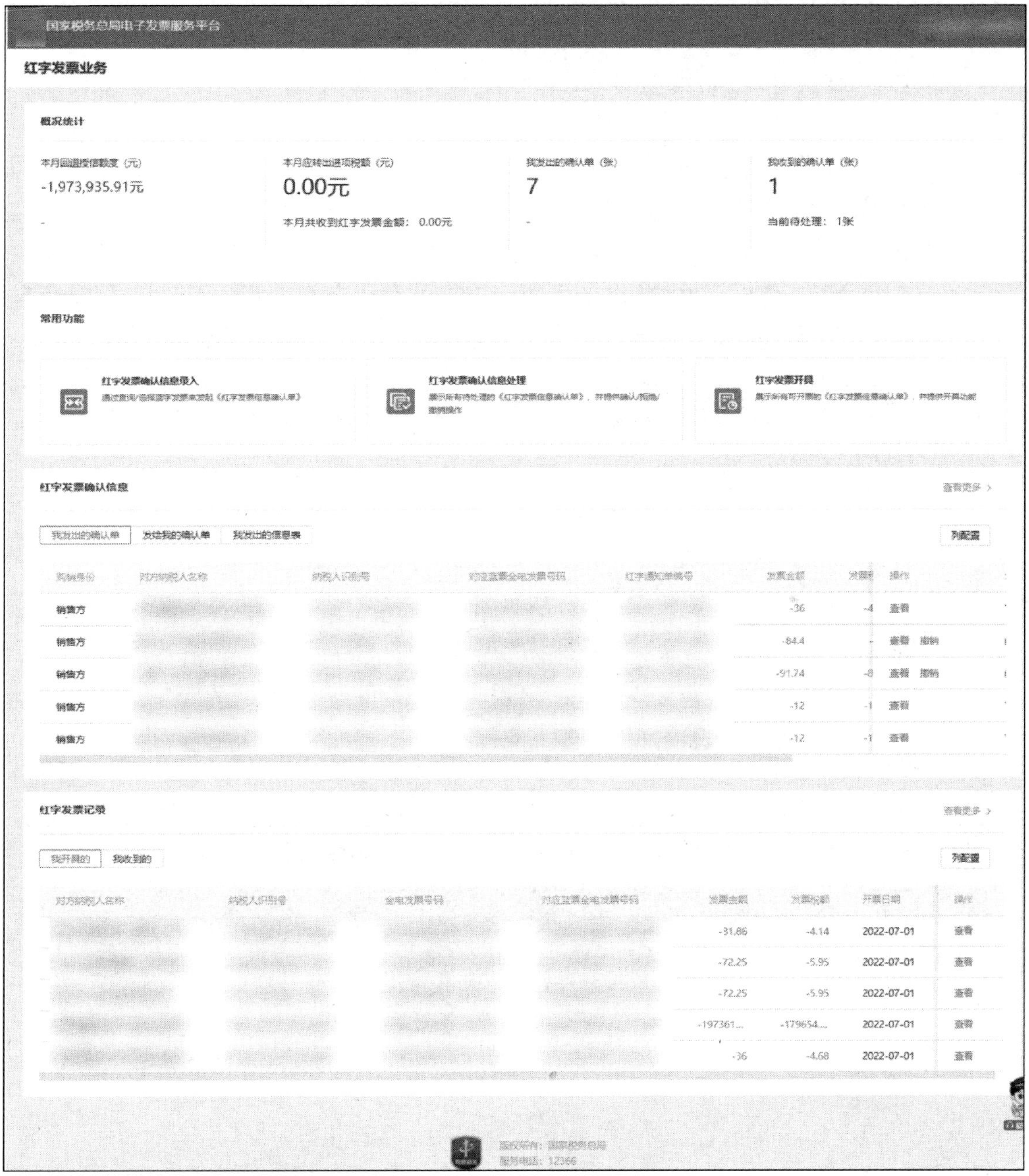

图 2-7-31　红字发票业务页面

5．授信额度调整申请

授信额度调整申请是当现有额度不足，且系统自动发起的动态授信无法满足需求时，纳税人经实名验证后，可以通过补充提供购销合同、固定资产清单及其他材料，向税务机关申请调整授信额度。税务机关根据纳税人提交的申请与资料进行审核，对于审核不通过的，制发不予受理通知书；对于资料不齐全的，制发补正通知书；对于满足受理条件的，制发受理通知书。

本业务设置发起、录入、审核、反馈、查询五个节点，通过此功能可以实现纳税人手动授信额度调整。

审核人员进入审核页面，选择需要审核的人工授信申请，完成审批。

授信额度调整申请的操作流程为：选择【税务数字账户】→【授信额度调整申请】，如图 2-7-32 所示。授信额度调整申请页面如图 2-7-33 所示。

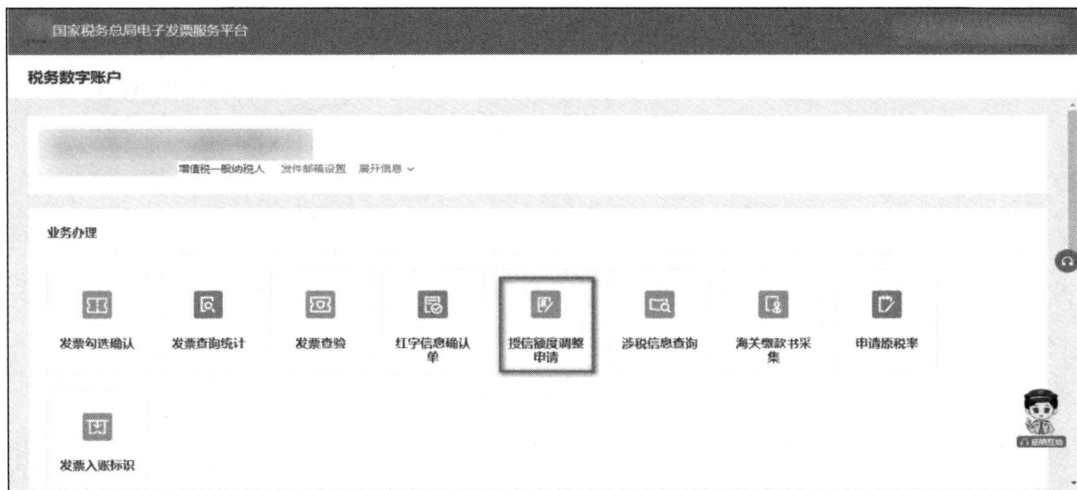

图 2-7-32　选择【税务数字账户】→【授信额度调整申请】

图 2-7-33　授信额度调整申请页面

单击【新增申请】按钮，弹出授信额度新增申请页面，填写授信额度调整申请相关信息，上传相关附件资料，授信额度新增申请页面如图 2-7-34 所示。

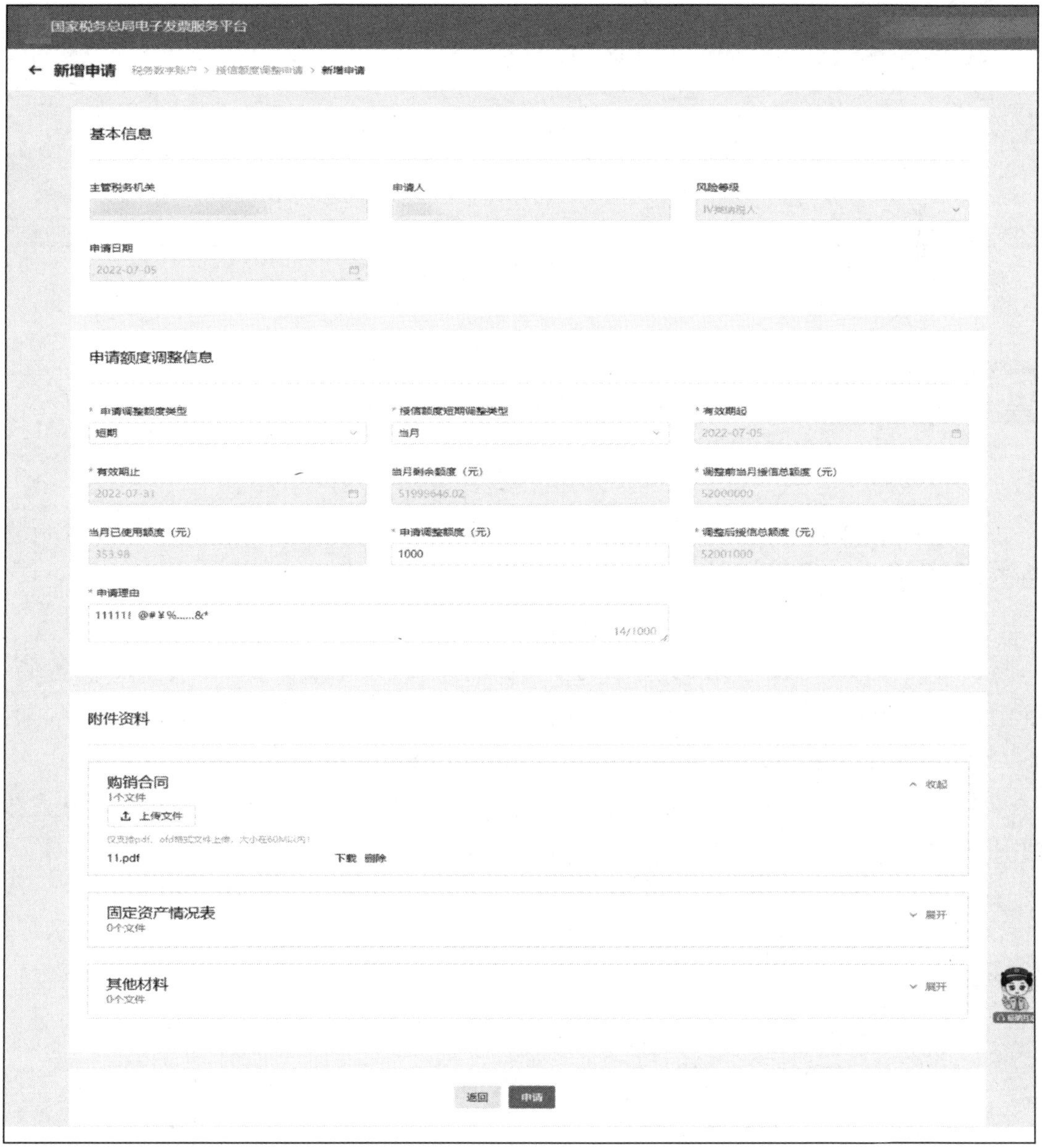

图 2-7-34 授信额度新增申请页面

6. 涉税信息查询

涉税信息查询的操作流程为：选择【税务数字账户】→【涉税信息查询】，打开的涉税信息查询页面如图 2-7-35 所示。

图 2-7-35 涉税信息查询页面

项目训练

知识训练

1.（单选题）（ ）是指纳税人通过税务数字账户查询发票后自行选择电子邮件、二维码、电子文件导出等方式交付数电票。

　　A. 自动交付　　B. 自行交付　　C. 申请交付　　D. 主动交付

2.（单选题）数电票的发票号码为 20 位，其中：第（ ）代表各省、自治区、直辖市和计划单列市行政区划代码。

　　A. 1～2 位　　B. 3～4 位　　C. 5～6 位　　D. 7～8 位

3.（单选题）开具金额总额度，是指一个（ ）内，试点纳税人发票开具总金额（不含增值税）的上限额度。

　　A. 自然月　　B. 季度　　C. 半年度　　D. 年度

4.（单选题）纳税人以电子发票的纸质打印件作为税收凭证的，（ ）要求销售方在纸质打印件上加盖发票专用章。

　　A. 无须　　B. 需要　　C. 可以　　D. 选择性

5.（多选题）数电票的票面信息包括（ ）。

　　A. 发票代码　　B. 发票号码　　C. 购买方信息　D. 销售方信息

6.（多选题）试点纳税人可以通过电子发票服务平台开具的发票种类有（ ）。

　　A. 数电票　　B. 纸质专票　　C. 纸质普票　　D. 定额发票

7.（判断题）全面数字化的电子发票（数电票）是与纸质发票具有同

等法律效力的全新发票，不以纸质形式存在、不用介质支撑、无须申请领用。（ ）

8.（判断题）通过电子发票服务平台开具数电票，在开具金额总额度内，没有发票开具份数和单张开票限额限制。（ ）

9.（判断题）试点纳税人通过实名验证后，无须使用税控专用设备即可通过电子发票服务平台开具发票，无须进行发票验旧操作。（ ）

10.（判断题）新设立登记的试点纳税人应当通过电子发票服务平台开具数电票、纸质专票和纸质普票。（ ）

11.（判断题）数电票的载体为电子文件，已无最大开票行数限制，交易项目明细能够在数电票中全部展示，无须开具销货清单。（ ）

12.（判断题）纳税人开具蓝字数电票后，发生销货退回、开票有误、服务中止、销售折让等情形，可以按规定开具红字数电票。（ ）

13.（判断题）数电票一旦开具无法作废，如果发生开票有误的情形，需开具红字数电票冲红。（ ）

技能训练

1. 进入模拟电子税务局，模拟开具蓝字数电票和红字数电票。

2. 进入税务数字账户，模拟发票勾选确认、发票查询统计、发票查验等业务的操作。

项目八

社会保险和住房公积金办理

学习目标

知识目标

1. 熟悉所在地社会保险和住房公积金业务的政策和法律规范；

2. 了解企业办理社会保险和住房公积金需要提交的相关资料。

技能目标

1. 能够收集企业所在地社会保险、住房公积金办理的相关政策和流程；

2. 能够准确收集整理社会保险、住房公积金办理的相关资料，完成与客户的对接工作；

3. 能够在相关平台上完成社会保险和住房公积金的填报、提交和追踪工作，确保代办事项高效完成。

素质目标

1. 熟悉国家相关法律规范、职业道德规范，保守秘密、强化服务，保障企业职工的合法权益；

2. 培养勤学苦练、勤勉尽责、爱岗敬业、忠于职守的职业操守。

项目描述

财税代理公司与客户签订委托财税代理协议，为客户办理社会保险和住房公积金业务。办理前，财税代理人员先熟悉受托公司所在地社会保险、住房公积金的办理流程以及收集、整理该公司办理社会保险、住房公积金的相关资料。然后根据公司所在地社会保险、住房公积金的办理流程进行开户、登记、增员、减员及缴纳工作。

知识准备

一、社会保险和住房公积金的相关规定

社会保险（以下简称"社保"）是指国家通过立法强制建立的社会保险基金，不以营利为目的。社保主要项目包括基本养老保险、基本医疗保险、失业保险、工伤保险、生育保险。住房公积金制度实际上是一种住房保障制度，是住房分配货币化的一种形式。社保和住房公积金具有强制性。其中，基本养老保险、基本医疗保险和失业保险由用人单位和个人共同缴纳，生育保险和工伤保险由用人单位缴纳。《国税地税征管体制改革方案》明确，自2019年1月1日起，将基本养老保险、基本医疗保险、失业保险、工伤保险、生育保险等各项社会保险交由税务部门统一征收。

根据《中华人民共和国社会保险法》，用人单位应当自用工之日起三十日内为其职工向社会保险经办机构申请办理社会保险登记。未办理社会保险登记的，由社会保险经办机构核定其应当缴纳的社会保险费。根据《社会保险经办条例》，用人单位在登记管理机关办理登记时同步办理社会保险登记。个人申请办理社会保险登记，以公民身份号码作为社会保障号码，取得社会保障卡和医保电子凭证。社会保险经办机构应当自收到申请之日起10个工作日内办理完毕。用人单位和个人申请变更、注销社会保险登记，社会保险经办机构应当自收到申请之日起10个工作日内办理完毕。用人单位注销社会保险登记的，应当先结清欠缴的社会保险费、滞纳金、罚款。

根据《住房公积金管理条例》，新设立的单位应当自设立之日起30日内向住房公积金管理中心办理住房公积金缴存登记，并自登记之日起20日内，为本单位职工办理住房公积金账户设立手续。单位合并、分立、撤

销、解散或者破产的，应当自发生上述情况之日起 30 日内由原单位或者清算组织向住房公积金管理中心办理变更登记或者注销登记，并自办妥变更登记或者注销登记之日起 20 日内，为本单位职工办理住房公积金账户转移或者封存手续。

根据《住房公积金管理条例》，职工住房公积金的月缴存额为职工本人上一年度月平均工资乘以职工住房公积金缴存比例。职工和单位住房公积金的缴存比例均不得低于职工上一年度月平均工资的 5%；有条件的城市，可以适当提高缴存比例。

👤 二、社会保险的计算

对于城镇职工社保费用，全国各地的缴费标准并不统一。关于社保缴费金额的计算，缴费基数与缴费比例是两个重要依据，具体计算公式为：

社保缴费金额＝社保缴费基数×社保缴费比例

社会保险的计算

理论上的缴费基数等于参保人员工资总额，但由于各地都设定了缴费基数的上下限，所以要通过职工申报工资（即上年 1 月至 12 月的平均工资）与各险种的缴费基数上下限对比确定各险种的实际缴费基数。具体存在以下三种比较情况。

（1）若职工申报工资≤险种下限，以险种下限确定缴费基数。

（2）若险种下限＜职工申报工资＜险种上限，以职工申报工资为缴费基数。

（3）若职工申报工资≥险种上限，以险种上限为缴费基数。

缴费基数上限是指，上一年省、市在岗职工月平均工资算术平均数的300%。职工工资收入超过上限的部分不计入缴费基数。

缴费基数下限是指，上一年省、市在岗职工月平均工资算术平均数的60%。职工工资收入低于下限的，以上一年省、市在岗职工月平均工资算术平均数的 60% 为缴费基数。

社保缴费基数调整一般是一年一次，不同的地区调整月份会有不同，有的地区是每年 4 月开始调整，有的地区是每年 7 月，还有的地区不跨年度，每年 1 月调整，需以当地人力资源和社会保障局相关公告为准。社保缴费基数一旦确定，一年内不再变动。

例如，北京市《关于统一 2023 年度各项社会保险缴费工资基数上下限的通告》明确，自 2023 年 7 月起，凡在北京参保的企业职工，基本养老保险、失业保险、工伤保险、职工基本医疗保险（含生育）的月缴费基数上限为 33 891 元，下限为 6 326 元。

城镇职工社保缴费是由单位和个人共同完成的，一般由用人单位从职工工资中代扣。对于不同的参保者，单位和个人的缴费比例是不同的，而且由于不同城市的经济水平不同，社保缴费比例也是不一样的。

业务操作

一、办理社会保险

首次办理社保业务一般包括以下三个步骤。

1. 收集资料

不同地区社保业务的办理各不相同，因此，在办理社保业务前，应了解和收集企业所在地社保业务的办理流程和资料，可以采用电话咨询和网上查询的方式收集相关资料。

（1）电话咨询：拨打"12333"人力资源社会保障系统全国公益服务电话，咨询就业、社保等业务办理。

（2）网上查询：登录国家社会保险公共服务平台，选择【服务指南】→【各地办事大厅】，找到公司所在地的人力资源和社会保障局（以下简称"人社局"）官网进行查询。

2. 开立账户

资料收集完成后，开始办理社保业务。首次办理社保业务应先开立账户，开立账户具体步骤如图 2-8-1 所示。

| 人社局注册用户账号 | ➡ | 人社局就业登记 | ➡ | 医疗保障局办理参保登记 | ➡ | 电子税务局注册 |

图 2-8-1 开立账户步骤

（1）人社局注册用户账号。

经办人应在所在地人社局官网上进行用户注册（可以使用手机微信扫码注册）。

（2）人社局就业登记。

注册完成后，经办人用注册好的用户名和密码登录所在地人社局官网，进行人社局就业登记。

（3）医疗保障局办理参保登记。

经办人应在所在地医疗保障局网上办事大厅办理参保登记（可以使用手机微信扫码办理参保登记）。

（4）电子税务局注册。

就业登记完成后，经办人应到电子税务局注册。实务中，企业办理营业执照后，税务局会自动完成信息接收，经办人可以用统一社会信用代码尝试登录企业电子税务局。若可以登录，则不需要注册操作；若登录不了，就代表税务局没有接收到信息，经办人就需要先到电子税务局注册，注册后在网上预约柜台办理，再携带相关资料前往柜台，并绑定对公基本账户。

3．增/减员操作

日常社保的增员、减员需在所在地人社局、医疗保障局上分别进行登记。员工离职应在离职当月及时办理社保减员，减员成功的次月不再产生社保应征数据。社保减员要看当地人社局的规定，一般来说每月 25 日前是当月生效，25 日后是次月生效，即便次月生效，次月也不会再扣费。

二、办理住房公积金

首次办理住房公积金一般包括以下三个步骤。

1．收集资料

实际工作中，由于不同地区住房公积金业务的办理有所不同，因此，在办理住房公积金业务之前应了解业务办理的流程及需要提交的具体资料，了解这些信息的途径通常有电话咨询、网上查询。

（1）电话咨询：拨打"12329"住房公积金热线，咨询住房公积金业务办理流程等。

（2）网上查询：网上搜索当地住房公积金管理中心，查询当地办理住房公积金业务的相关事项。

2．开立账户

资料收集完成后，开始办理住房公积金业务。首次办理住房公积金业务应先开立账户，开立账户具体步骤如图 2-8-2 所示。

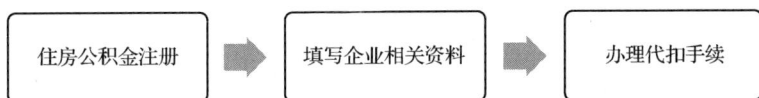

图 2-8-2　开立账户步骤

实际工作中，企业缴存登记成功后，如果信息录入完整无误，一般情况下当天可审核通过，如果审核不通过，应根据审核不通过的原因进行修改，具体审核时间各地区有所不同，可咨询当地住房公积金管理中心。

企业住房公积金账户开立成功后，为了方便后续扣款，一般情况下，企业会到银行办理代扣业务，办理同行和跨行代扣业务均可，但两者需提交的资料略有不同。如果企业没有办理银行代扣业务，每个月需提交盖有公章的《住房公积金汇补缴书》《住房公积金汇补缴清册》，并携带经办人身份证前往银行办理住房公积金汇缴，按银行告知的方式付款。

3．增/减员操作

住房公积金的增/减员一般直接登录当地住房公积金单位综合服务平台办理开户或者转移、封存即可。

（1）增员。

住房公积金银行代扣业务办理成功后，可在住房公积金单位综合服务平台新增职工，为其缴纳住房公积金。新增职工分两种情况：第一种是首次办理，第二种是非首次办理。

① 首次办理。

企业职工首次办理住房公积金，企业需为职工开立个人住房公积金账户，操作步骤如下。

步骤一：登录住房公积金单位综合服务平台，选择【职工账户设立】。

步骤二：根据职工提供的资料录入相关信息，包括职工个人基础信息、住房公积金个人缴存基数、单位月缴存额等，填写完整后单击【确定】按钮。

录入的信息通过审核后，职工账户就开设成功了。实务中，如果新开户的职工较多，可以选择批量导入，进行职工开户的批量处理，速度相对较快。

② 非首次办理。

如果企业职工在上家企业已缴纳过住房公积金，此时企业需要为职工办理个人账户转移，操作步骤如下。

步骤一：登录住房公积金单位综合服务平台，选择【个人账户转移】。

步骤二：系统要求填写转入单位信息、转出单位信息和转入职工信息，其中转入单位信息由系统自动生成，也就是本单位信息，转出单位信息根据职工提供的上家企业资料录入，转入职工信息录入职工的住房公积金账号和身份证号码。

（2）减员。

实际工作中，企业职工离职后，企业需在住房公积金单位综合服务平台为其办理住房公积金封存，相当于做减员处理，这样该职工到新单位才能继续缴纳住房公积金。操作时选择【个人封存启封】，查询需要封存的个人账户，单击【封存】按钮即可。

项目训练

知识训练

1.（单选题）北京飞达物流有限公司社保缴费单据上显示个人承担10 251元，公司承担27 939元，其中计入其他应付款的金额是（　　　）元。

    A. 10 251   B. 27 939   C. 38 190   D. 以上都不对

2.（多选题）社保是一种社会保障经济制度，它主要包括（　　　）。

    A. 基本养老保险   B. 基本医疗保险

    C. 失业保险   D. 工伤保险

3.（多选题）属于职工福利费的有（　　　）。

    A. 生活困难补助   B. 丧葬补助费

    C. 职工异地安家费   D. 社会保险费

4.（多选题）下列社保项目，需要由单位和个人共同缴纳的有（　　　）。

    A. 基本养老保险   B. 基本医疗保险

    C. 失业保险   D. 工伤保险

5.（判断题）用人单位和劳动者必须依法参加社保，缴纳社保费。（　　　）

6.（判断题）社保是国家通过立法筹集资金，对劳动者因年老、失业、患病、工伤、生育而减少劳动收入时给予的补偿，使他们能够享受基本生活保障的一项社会保障制度。（　　　）

7.（判断题）启智科技有限公司员工李峰于1月31日办理离职，该公司应于3月1日为该员工办理减员手续。（　　　）

8.（判断题）启智科技有限公司员工王丽于6月1日办理离职，该公司应在次月为其办理减员手续。（　　　）

9.（判断题）新设立的单位应当自设立之日起 30 日内向住房公积金管理中心办理住房公积金缴存登记，并自登记之日起 20 日内，为本单位职工办理住房公积金账户设立手续。（　　　）

10.（判断题）实际工作中，住房公积金不可以办理跨行代扣业务。（　　　）

技能训练

1. 模拟完成所在地一家公司的社保信息采集和社保费缴纳工作。

2. 调研所在地住房公积金开户所需资料、开设流程以及增员、减员的操作流程。

模块三　代理企业记账事务

项目九

企业建账

🔒 **学习目标**

知识目标

1. 熟悉企业建账需要准备的资料；

2. 熟悉企业会计科目设置的基本原则。

技能目标

1. 能够根据移交清册进行会计资料交接，收集企业期初建账资料和数据；

2. 能够在财务云共享中心平台上完成新建账套、新增会计科目及期初数据录入等期初建账工作。

素质目标

1. 熟悉国家相关法律规范，遵守保密原则，对客户资料做好管理，提高服务质量；

2. 培养勤于学习、锐意进取的创新能力。

项目描述

启智科技有限公司与润心财税代理有限公司签订委托财税代理协议。协议签订后，启智科技有限公司提供了相关资料，润心财税代理有限公司对该公司的资料进行整理与确认。首先对这些资料进行建档，然后根据资料完成账套的建立、会计科目的设置和期初数据的录入。

知识准备

财税代理机构在进行企业信息建档前，需要收集企业的基本资料，包括企业名称、地址、联系人、联系方式、营业执照、法定代表人身份证、财务制度、企业章程复印件等。

（1）对收集的资料的真实性、合法性进行审查，审查无误后，录入财务云共享中心平台。

（2）在建档操作时，应确保录入的企业档案信息全面、详细、真实。

业务操作

一、建账资料收集

建档资料清单如表 3-9-1 所示。

表 3-9-1　建档资料清单

相关财务资料	新设企业	持续经营企业
营业执照副本复印件	√	√
法定代表人身份证复印件	√	√
银行账户开户信息复印件	√	√
税务账号密码或直接取得税务数字证书（Certificate Authority，CA）	√	√
企业员工名单及身份证号码相关信息	√	√
社保、工资表相关信息	—	√

相关财务资料	新设企业	持续经营企业
财务报表	—	√
当年各税种纳税申报表	—	√
上年度所得税汇算清缴申报表	—	√
记账凭证、总账、日记账、明细账	—	√
累计发生额及余额表、往来科目明细表、长期待摊费用明细表、递延资产明细表、固定资产明细清单、无形资产明细清单	—	√
银行存款余额调节表（企业开立的所有账户）	—	√
资料交接清单	√	√

在建档资料收集过程中，与财务相关的资料，应通过资料交接清单汇总。资料交接清单如表 3-9-2 所示。

表 3-9-2　资料交接清单

资料交接清单（　）月份

公司名称：		时间：	
移交人：		接收人：	
序号	摘要	数量/（张/本）	备注
1	营业执照副本复印件		
2	法定代表人身份证复印件		
3	银行账户开户信息表复印件		
4	税务账号密码或直接取得 CA		
5	企业员工名单及身份证号码相关信息		
6	社保、工资表相关信息		
7	财务报表		
8	当年各税种纳税申报表		
9	上年度所得税汇算清缴申报表		

续表

序号	摘要	数量/（张/本）	备注
10	记账凭证、总账、日记账、明细账		
11	累计发生额及余额表、各明细表		
12	固定资产、无形资产明细清单		
13	银行存款余额调节表		
14			
15			

二、企业账套建立

企业账套建立需要的资料清单如表 3-9-3 所示。

表 3-9-3　建账资料

平台需要录入信息	企业名称、所属行业、纳税人制度、会计制度、建账期间等
	判断标准
所属行业	查看企业营业执照复印件中的经营范围
纳税人制度	税务登记证复印件 年应征增值税销售额 500 万元及以下的认定为小规模纳税人 年应征增值税销售额 500 万元以上的认定为一般纳税人
会计制度	根据企业的规模、业务量、业务特点，可供选择的企业会计制度包括《企业会计准则》《小企业会计准则》。小企业的经济业务相对简单，会计制度选择《小企业会计准则》

三、会计科目设置

财税代理机构按照全面性原则、合法性原则、相关性原则和清晰性原则在会计核算系统中设置会计科目，会计科目明细科目设置如表 3-9-4 所示。

表 3-9-4　会计科目明细科目设置

会计科目	明细科目设置方式
银行存款	按开立的账户
应收账款/预收账款	按客户名称

续表

会计科目	明细科目设置方式
应付账款/预付账款	按供应商名称
其他应收款	按收款单位或个人
其他应付款	按应付单位或个人
库存商品	按货物名称
应付职工薪酬	按项目
应交税费	按税费名称
实收资本	按股东名称
主营业务收入/主营业务成本	按产品或服务
销售费用/管理费用/财务费用	按费用大类

在设置会计科目过程中，由于各企业经济业务活动的具体内容、规模大小与业务繁简程度等情况不尽相同，在具体设置时，应考虑其自身特点和具体情况。

四、期初数据录入

期初数据录入

新设企业无期初数据，完成会计科目设置，即完成了期初建账的操作流程。持续经营企业，则需根据提供的期初余额表，进行期初数据的录入。

财税代理人员在了解完企业的经营状况后，登录系统完成所代理企业的期初建账操作，需要注意以下几点。

（1）建账前审查提供的资料是否齐全、真实、合法、有效。

（2）完成期初建账流程的完整操作，包括建档、建账、设置会计科目、录入期初数据。

① 新增会计明细科目，科目代码不用修改，保证科目级次及科目名称一致即可。

② 录入期初数据时，注意借贷方向及红字金额。

③ 手工录入方式下，直接手工输入末级科目的期初余额，上级科目会自动累加金额；红字金额应以负数表示；输入辅助核算类科目时，应注意输入期初明细。

④ 必须试算平衡后才能启用账套，否则会影响后面报表的取数，导致

报表不平衡。

📖 **小贴士**

期初余额试算不平衡，可通过以下方法查找原因：

① 分别核对资产、负债、所有者权益与期初余额是否一致；

② 查看一级科目余额是否与期初余额一致；

③ 查看明细科目余额录入是否正确；

④ 查看科目余额的录入方向是否正确。

企业期初和期末建账都是需要试算平衡的，年中建账时需要注意的问题如下。

（1）年中建账，如果是新设企业，第一次建账，期初数据为 0。

（2）年中建账，如果是持续经营企业，则期初金额为上月月末的结余数。应输入当期的期初余额和本年各科目的累计发生额。其目的是在系统中导出资产负债表和利润表时，自动提取年初数据和累计数据。

项目训练

知识训练

1.（单选题）期初建账的时间，可以发生在（　　　）。

　　A. 年初　　　　B. 年中　　　　C. 年末　　　　D. 以上都可以

2.（多选题）企业信息建档，需要收集企业基本资料，主要包括（　　　）。

　　A. 企业名称　B. 地址　　　　C. 联系人　　　D. 联系方式

3.（多选题）企业财税代理中，涉及期初建账的工作步骤有（　　　）。

　　A. 收集建账资料　　　　　　　B. 新建企业账套

　　C. 设置会计科目　　　　　　　D. 录入期初数据

4.（判断题）财税代理时企业信息建档和建账是同一步骤操作的。（　　）

5.（判断题）在建档操作时，应确保录入的企业档案信息全面、详细、真实。（　　）

6.（判断题）在企业期初建账时，年应征增值税销售额 500 万元以上

的企业，应选择认定为一般纳税人。（　　　）

7.（判断题）在收集建账资料时，新设企业和持续经营企业需要收集的建账资料都相同。（　　　）

8.（判断题）建账资料准备完毕，创建账套信息，需要填写的信息包括企业名称、所属行业、纳税人制度、会计制度、建账期间等。（　　　）

9.（判断题）企业设置会计科目时二级科目均按企业实际要求设置，不必按照国家统一规定的标准设置。（　　　）

10.（判断题）新设企业新建企业账套后，可以直接启用账套进行账务处理，无须录入期初数据。（　　　）

11.（判断题）在企业进行期初建账时，每个企业由于经济业务活动的具体内容、规模大小与业务繁简程度等情况不尽相同，所以在设置会计科目时应结合其自身的特点和具体的情况进行设置。（　　　）

技能训练

模拟一家企业进行收集建账资料、建立账套、设置会计科目、录入期初数据及试算平衡的操作。

项目十

企业票据录入

🔒 **学习目标**

知识目标

1. 熟悉各类业务的单据；

2. 掌握各类业务的核算要点；

3. 掌握各类票据的录入规则。

技能目标

1. 能够根据相关规定对单据的正确性、合法性和合理性进行审核；

2. 能够将扫描后的电子单据按照单据类型进行整理分类并修改完善；

3. 能够对分类的单据逐类进行票据信息提取，完成自动记账工作；

4. 能够按照复核工作规范要求，对录入比对不通过、有错误、未生成凭证或账簿的电子票据进行录入复核，保证所有单据均已入账。

素质目标

1. 熟悉国家相关法律规范，遵守保密原则，对客户资料做好管理，提高服务质量；

2. 能够立足基础，爱岗敬业，仔细、认真、及时、准确地进行基础数据的处理工作，为客户提供精细化的服务。

项目描述

永兴商贸有限公司与润心财税代理有限公司签订委托财税代理协议，每个月将业务活动产生的各种单据送至润心财税代理有限公司，润心财税代理有限公司按照协议要求完成票据的整理、扫描和录入。

知识准备

一、票据分类

票据是一种原始凭证，是会计记账最基础的资料，是证明企业经济业务发生最有效的证据。会计核算前应对相关经济业务发生后取得的票据进行审核，并剔除不合规票据，再按照核算要求编号、分类，将核对无误的企业发票、银行回单、费用报销单、工资表、成本计算表等分为以下几类，具体如图 3-10-1 所示。

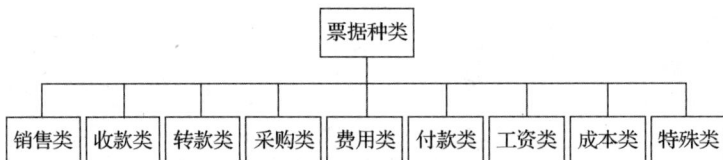

图 3-10-1　票据种类

二、票据的识别依据

1. 销售类票据识别依据

企业发生销售业务，需向客户开具发票，确认销售收入。常见的销售业务单据有增值税专用发票、增值税普通发票、增值税电子普通发票、税务局代开的增值税专用发票、发货清单（无票收入统计表）等。

税务局代开的增值税专用发票，尽管"销售方名称"栏填写的是代开税务机关的名称，但也属于销售类单据。因为企业销售业务发生后，采购方需要增值税专用发票，而企业无资格开具，只能申请税务机关代为开具。销售免税商品不能开具增值税专用发票。

票据的识别依据

在判断销售类票据时，需要抓住两个关键点：发票名称、购销企业信息。

2．收款类票据识别依据

常见的收款类票据包括银行回单、借款借据（收账通知）、证券交易对账单、收款收据等。财税代理人员收到收款类票据时，需关注付款人信息、金额、摘要等，便于明确资金来源，判断其属于何种收款业务。

3．转款类票据识别依据

财务云共享中心平台将提现、存现、企业内部账户之间转账定义为转款业务。转款类票据的业务类型包括三种：银行转银行、存现、提现。常见的转款类票据有银行回单、现金支票存根等，在判断转款类票据时，应关注收款方和付款方的信息，明确资金的流向。

4．采购类票据识别依据

企业发生采购业务，需要向客户索要发票，确认采购支出。常见的采购类票据包括增值税专用发票、增值税普通发票、采购合同、入库单等。

采购类发票抵扣分为"专用发票抵扣""待认证发票""客运计算抵扣""其他不得抵扣"。一般纳税人收到专用发票时选择"专用发票抵扣"；收到专用发票上面备注"待认证"时，选择"待认证发票"；收到火车票等交通费发票时，选择"客运计算抵扣"。对于增值税普通发票，通用机打发票均选择"其他不得抵扣"；小规模纳税人无论收到何种形式的发票，均选择"其他不得抵扣"。

在判断采购类票据时，注意三个关键点：发票名称、发票联次、购销企业信息。

5．费用类票据识别依据

费用报销过程中，常见的原始凭证有差旅费报销单、费用报销单、增值税专用发票、增值税普通发票（发票联）、增值税电子普通发票、定额发票等。

判断费用类票据时，应重点关注发票的类别、费用的实际受益主体、购买方的性质等。费用类票据可分为费用报销单和差旅费报销单，凭票据内容或费用用途可以清楚判断费用的类别。

6. 付款类票据识别依据

企业发生付款业务，财务人员收到的付款类票据有银行电子缴款付款凭证、住房公积金汇（补）缴书、转账支票存根、银行还款凭证等。实务中，企业常见的付款类业务有采购付款、支付各项税费、支付职工薪酬、归还借款、利息支出、支付手续费等。付款业务的款项结算方式中，大部分企业采用网银转账。除此之外，中小微企业费用报销及一般企业小额款项支付，采用现金结算；零售业、服务业针对个人业务多使用支付宝、微信结算；现在已较少使用转账支票。

收到付款类票据时，应重点关注收款人信息、金额、摘要等。

7. 工资类票据识别依据

通常情况下，企业支付员工工资，需由人力资源部根据员工的考勤记录、工时记录、产量记录、工资标准等，提供工资明细表，再由财务人员进行工资汇总、结算等。实务中，工资类票据有工资汇总表、工资明细表等。

企业员工工资的组成包括工资、奖金、职工福利费、社会保险费、住房公积金、职工教育经费、工会经费等。

根据《中华人民共和国企业所得税法实施条例》（以下简称《企业所得税法实施条例》）相关规定，企业发生的职工福利费支出，不超过工资薪金总额 14%的部分，准予扣除。企业为了均衡费用，职工福利费应当在实际发生时根据实际发生额计入当期损益或相关资产成本。

财税代理人员收到工资类票据时，能够获取企业员工的工资数据，比如员工的应发工资、实发工资、代扣保险、代扣个人所得税等。

工资薪金，是指企业每一纳税年度支付给在本企业任职或者受雇的员工的所有现金形式或者非现金形式的劳动报酬，包括基本工资、奖金、津贴、补贴、年终加薪、加班工资，以及与员工任职或者受雇有关的其他支出。

按照劳动工资制度的规定，具有一定规模且比较规范的企业根据考勤记录、工时记录、产量记录、工资标准、加班和奖金等，由人事部门编制工资表，财务部门根据人事部门编制的工资表编制工资汇总表并进行工资结算。

（1）企业月末提取工资时的会计分录如下。

借：生产成本——生产部门人员的职工薪酬

制造费用——车间管理人员的职工薪酬

管理费用——行政管理人员的职工薪酬

销售费用——销售人员的职工薪酬

在建工程——工程建设人员的职工薪酬

　　贷：应付职工薪酬——工资、奖金、补贴

（2）次月以网银形式发放工资时的会计分录如下。

借：应付职工薪酬——工资、奖金、补贴

　　贷：银行存款——××银行

　　　　其他应付款——社保及住房公积金

　　　　应交税费——应交个人所得税

8. 成本类票据识别依据

产品成本是为生产产品而发生的各种耗费的综合，通常是企业存货的主要构成内容。成本着重按产品进行归集，一般以材料费用分配表、产品成本计算表等为计算依据。

不同行业，产品的核算内容不尽相同。加工制造业的产品归集与分配，通过产品成本明细表按照成本项目归集相应的生产费用，将当月发生的生产成本，加上月初在产品成本，在完工产品和月末在产品之间进行分配，以求得本月完工产品成本。

本月完工产品成本=本月发生生产成本+月初在产品成本−月末在产品成本

大型企业成本核算主要采用企业资源计划（Enterprise Resource Planning，ERP）核算系统和各类核算软件，中小微企业主要使用 Excel 等办公软件实现成本核算。

而商品流通企业直接依据进销存计算表，结转销售商品成本。大多数小微企业，由于购进商品品种繁多，单位价值又不高，所以一般不会在"库存商品"科目下设置明细科目。

9. 特殊类票据识别依据

除了以上八大票据类型的划分，实务中，有些票据无法明确归到这八个类型中，如盘亏盘盈、捐赠支出结转未交增值税等，这些业务的票据无法自动生成记账凭证，需要手动录入。

常见的特殊类业务的会计分录如表 3-10-1 所示。

表 3-10-1　特殊类业务的会计分录

业务内容	票据	会计分录
存货盘盈	存货盘盈计算表	批准前： 借：原材料等 　　贷：待处理财产损溢——待处理流动资产损溢 批准后： 借：待处理财产损溢——待处理流动资产损溢 　　贷：管理费用
存货盘亏	存货盘亏计算表	批准前： 借：待处理财产损溢——待处理流动资产损溢 　　贷：原材料等 批准后： 借：管理费用 　　营业外支出 　　其他应收款 　　贷：待处理财产损溢——待处理流动资产损溢
捐赠支出	公益事业捐赠统一票据	借：营业外支出——捐赠支出 　　贷：银行存款
结转未交增值税	未交增值税计算表	借：应交税费——应交增值税（转出未交增值税） 　　贷：应交税费——未交增值税

三、企业款项结算方式

企业款项结算方式如表 3-10-2 所示。

表 3-10-2　企业款项结算方式

结算方式	概述
网银转账	普遍采用的结算方式
现金支票	用于企业提现
转账支票	现在用得较少
商业汇票	电子银行承兑汇票用得较多
现金结算	中小微企业费用报销采用得较多
支付宝、微信	零售业、服务业普遍使用

> **小贴士**
>
> 　　企业提取备用金时，一般按照单位3～5天日常零星开支所需确定。偏远地区和交通不便地区开户单位的库存现金限额，可按多于5天，但不得超过15天的日常零星开支的需要确定，注意现金的使用范围如下：
>
> 　　（1）职工工资、津贴；
>
> 　　（2）个人劳务报酬；
>
> 　　（3）根据国家规定颁发给个人的科学技术、文化艺术、体育等各种奖金；
>
> 　　（4）各种劳保、福利费用及国家规定的对个人的其他支出；
>
> 　　（5）向个人收购农副产品和其他物资的价款；
>
> 　　（6）出差人员必须随身携带的差旅费；
>
> 　　（7）结算起点以下的零星支出；
>
> 　　（8）中国人民银行确定需要支付现金的其他支出。
>
> 　　现金结算起点定为1 000元。结算起点的调整，由中国人民银行确定，报国务院备案。

业务操作

一、影像获取与整理

　　步骤一：登录财务云共享中心平台，选择所属行业、企业名称、记账归属日期。选择的企业页面如图3-10-2所示。

图 3-10-2　选择企业页面

步骤二：选择【影像管理系统】→【影像获取】→【上传影像】，如图 3-10-3 所示，即可完成获取票据的操作，之后可选择【影像整理】进行相应操作。

图 3-10-3　影像获取

步骤三：票据编号。对票据进行编号可以防止票据丢失及漏记经济业务，如图 3-10-4 所示。

图 3-10-4　票据编号

步骤四：单击【票据类型】下拉按钮，选择相应的票据类型。具体如图 3-10-5 所示。

步骤五：查看票据上是否备注有"现金"字样。如果有"现金"字样，选择【现金结算】→【是】，输入现金结算金额，即完成了影像整理的相关工作。

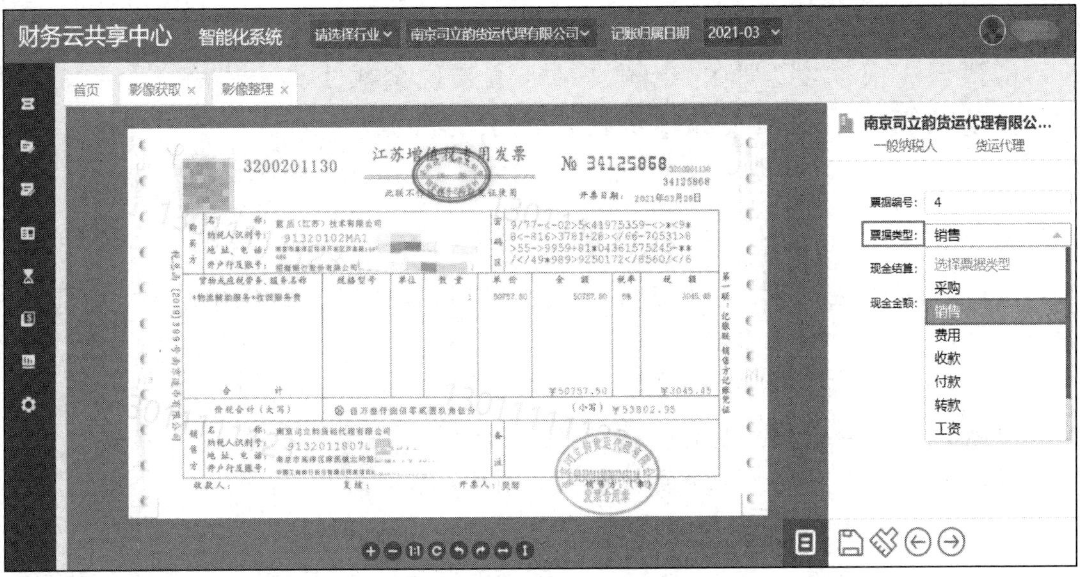

图 3-10-5 票据类型选择

二、票据录入

1. 销售类票据录入

录入销售业务时，应关注以下信息：业务类型、往来单位、业务特征、未税金额、税率、税额、价税合计。

步骤一：登录财务云共享中心平台，选择【智能凭证中心】。

步骤二：单击【业务类型】下拉按钮，根据发票上的税率栏，判断选择应税收入或者免税收入，系统会自动弹出往来单位、业务特征、未税金额、税率、税额、价税合计等项目。

步骤三：对于销售业务，往来单位就是采购方，企业发生赊销业务，在挂账时，【应收账款】和【往来单位】需要输入客户全称。因此，企业需要根据发票上的购买方信息，单击【往来单位】下拉按钮，选择对应往来单位。

小贴士

（1）系统中【往来单位】如果有客户名称，则可采用关键词搜索。

（2）如果采用现金结算，则不用填写往来单位。

步骤四：销售类业务特征分为"服务收入"和"货物及劳务"。单击【业务特征】下拉按钮，判断业务特征。

步骤五：根据发票上的金额，录入【未税金额】和【税率】，录入后系统会自动核算出【税额】和【价税合计】的数据。

> ### 小贴士
>
> 我国的增值税税率有 13%、9%、6% 和零税率，征收率有 5%、3%、1%。

完成以上步骤，即完成了销售类票据录入工作。录入人员需要掌握各种经济业务对应的税率，以及其归属的业务类型。

销售类票据信息录入如表 3-10-3 所示。

表 3-10-3　销售类票据信息录入

序号	项目	注意事项
1	业务类型	应税收入或免税收入
2	往来单位	可选
3	业务特征	货物及劳务或服务收入
4	未税金额	不含税的销售额
5	税率	根据实际情况填写
6	税额	根据【未税金额】和【税率】自动带出，如果是差额征税的情况，直接填写税额
7	价税合计	根据【未税金额】和【税额】自动带出

2. 收款类票据录入

录入收款业务时，应重点关注业务类型、往来单位、收款金额、银行手续费的填写。

登录财务云共享中心平台，选择【智能凭证中心】，单击【业务类型】下拉按钮，根据收款票据上载明的用途，判断选择业务类型。系统内置的业务类型包括销售收款、营业外收入、其他收款、收到出口退税、收回借款、股东投资款、借入款、利息收入、收到退款、生育/医疗险、政府补助、保证金/押金、银行退手续费、不征税项目收入、短期借款。

若【业务类型】选择【销售收款】，系统会自动弹出【往来单位】【收款金额】【银行手续费】等信息；若【业务类型】选择【营业外收入】，则系统会自动弹出【收款金额】，此时只需输入票据金额即可。选择不同的业务类型，在弹出的项目中填写相应的内容。

3. 转款类票据录入

录入转款业务时，应重点关注收款账户、付款账户、业务类型、转款金额等信息。

登录财务云共享中心平台，选择【智能凭证中心】，单击票据类型选择【转款】，系统自动跳转出【收款账户】和【付款账户】项目，根据单据上收款方和付款人的内容，选择相应的信息填列。单击【业务类型】下拉按钮，根据单据内容判断业务类型，并填写【转款金额】。

4. 采购类票据录入

录入采购业务时，应重点关注往来单位、未税金额、税率、税额、价税合计等信息。采购业务录入与销售业务录入类似，区别在于业务类型、发票抵扣的录入操作。

登录财务云共享中心平台，选择【智能凭证中心】，单击【业务类型】下拉按钮，根据发票上的货物或应税劳务、服务名称栏，判断选择商品、原材料、固定资产、低值易耗品、税控设备（及维护费）、无形资产、服务成本中的某一类。

选择业务类型后，系统会自动弹出【往来单位】【发票抵扣】【未税金额】【税率】【税额】【价税合计】等项目。

企业发生赊销业务，在挂账时，【应付账款】和【往来单位】需要输入客户全称。根据发票销售方信息，单击【往来单位】下拉按钮，采用关键词搜索选择。如果采用现金结算方式，则不用填写往来单位。

若为增值税专用发票且发票无备注信息，则单击【发票抵扣】下拉按钮，根据发票内容选择【专用发票抵扣】【客运计算抵扣】【待认证发票】【其他不得抵扣】中的某一类。并根据发票上的金额，录入【未税金额】和【税率】，此时系统会自动核算出【税额】和【价税合计】的数额，至此完成了票据录入工作。

5. 费用类票据录入

在录入费用业务时，应重点关注业务类型、部门、往来单位、费用详情、发票抵扣等信息。

登录财务云共享中心平台，选择【智能凭证中心】，单击【业务类型】下拉按钮，选择【期间费用】，根据受益原则，判断费用承担部门是管理部门还是销售部门，单击【部门】下拉按钮，选择【管理部】或【销售部】。

如果该费用采用现金结算，则无须填写往来单位；如果该费用采用非现金结算，则需要单击【往来单位】下拉按钮，选择票据上对应的往来单位或者个人信息。

单击【费用详情】下拉按钮，依次有【办公费】【工资】【奖金/补贴】【单位医社保】【单位公积金】【低值易耗品】【会务费】【业务招待费】等项目，根据票据信息做出判断选择。

发票抵扣情况设置了待认证发票、货运专票抵扣、客运计算抵扣、其他不得抵扣、专用发票抵扣等明细。

录入费用时的填写要点如表 3-10-4 所示。

表 3-10-4　录入费用时的填写要点

项目	填写要点
业务类型	期间费用
部门	管理部或销售部
往来单位	现金结算，无须填写往来单位 非现金结算，填写往来单位
费用详情	设置有办公费、工资、奖金/补贴、单位医社保、单位公积金、低值易耗品、会务费、业务招待费、水电费、通信费、差旅费、快递费、会计服务费、福利费、维修费等项目
发票抵扣	设置有待认证发票、货运专票抵扣、客运计算抵扣、其他不得抵扣、专用发票抵扣等明细
价税合计	手动录入价税合计金额

实际工作中，费用的归集问题直接影响企业的利润和纳税核算。因此，正确运用最新财税政策，使企业的利润最大化是财税代理人员非常重要的一项技能。

（1）销售费用和管理费用明细表如表 3-10-5 所示。

表 3-10-5　销售费用和管理费用明细表

项目	销售费用	管理费用	费用详情
职工薪酬	√	√	职工薪酬表
咨询顾问费		√	咨询费、顾问费
业务招待费		√	餐饮费，在超市购买食品、购买大额日用品、招待客户购买的饮品等费用，本地住宿费，礼品、旅游、娱乐等费用、大额外地餐饮费，未备注用途的餐饮费
广告费和业务宣传费	√		广告公司开具的广告费发票（制作费、宣传费等）
资产折旧摊销费	√	√	资产折旧摊销表
水电气费		√	水、电、气发票，也可能是发票复印件附收据
通信费（单位）		√	公司名称抬头的电话费发票，可能是固定电话费发票，也可能是移动电话费发票
通信费（个人）		√	个人姓名的电话费发票、充值的定额发票
交通费		√	市内公交费、本地的打车票、IC 卡充值票及市民卡、机场的大巴发票
汽车费		√	过路过桥费，汽车柴油、汽油费，停车费、汽车保险费、汽车维修费等
快递费		√	邮寄费、快递费、收派服务费
服务费		√	网络服务费、信息服务费等
办公费		√	购买办公用品费用
租赁费（房屋）		√	房屋租赁费用
租赁费（其他）		√	用车服务费、汽车租赁费等
差旅费		√	外地的打车费、火车票、汽车票、机票、外地的住宿费、小额外地餐饮费（根据企业规模分析某次外地餐饮发生额是否为小额）
保险费		√	财产保险费
运输仓储费	√		运输费、装卸费、包装费、配送公司的服务费等费用

续表

项目	销售费用	管理费用	费用详情
修理费		√	一般指机器、设备的维修费用，应与汽车费中汽车维修费区分开
福利费		√	包括发放给职工或为职工支付的以下各项现金补贴和非货币性集体福利： ① 职工医药费报销 ② 职工的生活困难补助 ③ 年会、集体聚餐 ④ 集体福利的补贴 ⑤ 符合国家有关财务规定的供暖费、防暑降温费 ⑥ 过节发放的食物，如油、水果、鱼虾等
劳保费		√	购买劳动保护用品费用
物管费		√	物业公共服务费、物业费等
会议费		√	指因组织会议所发生的费用，包括因开会发生的住宿费、伙食费、场地租赁费及其他杂费等

（2）业务招待费是企业为生产、经营业务的合理需要而支付的应酬费用。它是企业生产经营中所发生的实实在在的、必需支出的费用，是企业进行正常经营活动必要的一项费用。

一般情况下企业的业务招待费包括以下两部分。

① 日常性业务招待费支出，如餐饮费、住宿费、交通费等。

② 重要客户的业务招待费，即除前述支出外，还有礼品费、正常的娱乐活动费、安排客户旅游的费用等。

🔍 小贴士

餐费的处理规定如下。

① 因业务开展的需要，招待客户用餐，会计核算上列为业务招待费。

② 员工食堂就餐、加班聚餐，会计核算上列为职工福利费。

③ 员工出差就餐，在标准内的餐费，会计核算上列为差旅费。

④ 企业组织员工职业技术培训，培训期间就餐，会计核算上列为职工教育经费。

⑤ 企业筹建期间发生的餐费，会计核算上列为开办费。

⑥ 以现金形式发放的员工餐费补贴，会计核算上列为工资薪金。

⑦ 企业召开董事会期间发生的餐费，会计核算上列为董事会费。

⑧ 工会组织员工活动，活动期间发生的餐费，会计核算上列为工会经费。

⑨ 影视企业拍摄过程中影视剧中的餐费，会计核算上列为影视成本。

（3）广告费和业务宣传费。所得税扣除规定中的广告费是指企业通过一定媒介和形式介绍自己所推销的商品或所提供的服务，激发消费者的购买欲望，需支付给广告经营者、发布者的费用；业务宣传费是指企业开展业务宣传活动所支付的费用，主要是指未通过广告发布者传播的广告性支出，包括企业发放的印有企业标志的礼品、纪念品等。

业务招待费、广告费和业务宣传费的扣除标准如表 3-10-6 所示。

表 3-10-6　业务招待费、广告费和业务宣传费的扣除标准

项目	扣除标准
业务招待费	根据《企业所得税法实施条例》第四十三条规定："企业发生的与生产经营活动有关的业务招待费支出，按照发生额的 60% 扣除，但最高不得超过当年销售（营业）收入的 5‰。"
广告费和业务宣传费	《企业所得税法实施条例》第四十四条："企业发生的符合条件的广告费和业务宣传费支出，除国务院财政、税务主管部门另有规定外，不超过当年销售（营业）收入 15% 的部分，准予扣除；超过部分，准予在以后纳税年度结转扣除。" 对化妆品制造或销售、医药制造和饮料制造（不含酒类制造）企业的广告费和业务宣传费的扣除比例为 30%；但是烟草企业的烟草广告费和业务宣传费不得扣除。

（4）会议费是指因组织会议所发生的费用，包括因开会发生的住宿费、伙食费、场地租赁费及其他杂费等。

在会议费方面需要注意的信息有会议通知、议题、时间、地点、参与人、组织单位、开票单位等。

6. 付款类票据录入

录入付款业务时，应重点关注业务类型和往来单位。登录财务云共享中心平台，选择【智能凭证中心】，单击【业务类型】下拉按钮，根据付款

票据上载明的用途，判断选择业务类型。系统内置的业务类型包括采购（费用）付款、支付税款滞纳金、支付工资、银行手续费、支付个人所得税、缴纳城市维护建设税及附加、缴纳增值税等。

业务类型的选择，会影响往来单位的选择。比如，企业支付一笔住房公积金，单击【业务类型】下拉按钮，选择【缴纳公积金】，系统会自动跳出【个人承担部分】和【公司承担部分】两项内容。根据工资表上代扣住房公积金的金额手动输入【个人承担部分】，再将票面上的金额扣除个人承担部分余下的金额填入【公司承担部分】。

付款类票据具体付款业务明细如表 3-10-7 所示。

表 3-10-7　付款类票据具体付款业务明细

序号	付款项目	具体付款业务明细
1	采购（费用）付款	支付货款、服务款，支付费用款项
2	各项税费	增值税、城市维护建设税、教育费附加、地方教育附加、文化事业建设费、企业所得税、印花税、个人所得税、房产税、城镇土地使用税、车船税等
3	职工薪酬	工资、奖金及补贴，社保，住房公积金，职工福利费，职工教育经费，工会经费等
4	存出保证金	—
5	归还借款	—
6	利息支出	—
7	支付手续费	—
8	支付行政性罚款	—

7. 工资类票据录入

录入工资业务时，应重点关注应发工资、代扣社保、代扣公积金、代扣个税、实发工资等信息。

登录财务云共享中心平台，选择【智能凭证中心】，单击【业务类型】下拉按钮，根据给出的票据信息，判断选择业务类型。系统内置的业务类型包括工资、奖金/补贴。

选择业务类型后，系统会自动弹出【应发工资】【代扣社保】【代扣公积金】【代扣个税】【实发工资】，不同的选择会影响系统是否自动弹出【代扣社保】项目。

根据工资表中的应付工资金额合计，录入【应发工资】；将表中的代扣基本养老保险、代扣基本医疗保险、代扣失业保险的金额相加，录入【代扣社保】；根据代扣住房公积金金额合计，录入【代扣公积金】；根据代扣个人所得税合计，录入【代扣个税】；完成这些项目的录入后，系统会自动算出【实发工资】。

8. 成本类票据录入

在录入成本类票据前，应先判断企业的行业类型以及业务类型，从票据信息中获取成本金额。

登录财务云共享中心平台，选择【智能凭证中心】，单击【业务类型】下拉按钮，根据票据的名称，判断选择业务类型。系统内置的业务类型包括原材料结转和库存商品结转。

选择业务类型后，系统会自动弹出【成本金额】，根据自制成本表格中的本期出库金额合计，录入【成本金额】。

部分服务行业不涉及成本结转，在相关业务发生时直接将成本记入"主营业务成本——服务成本"科目。在具体操作时，可参考采购类票据录入要点。

9. 特殊类票据录入

需要手动录入记账凭证的票据有固定资产盘盈盘亏报告表、未交增值税计算表、应交所得税计算表、库存现金盘点表等。录入特殊类票据时，首先要根据票据判断业务类型，解读票据信息；然后根据票据信息做账务处理，录入平台。

登录财务云共享中心平台，选择【特殊凭证】→【手工录入】。具体如图 3-10-6 所示。

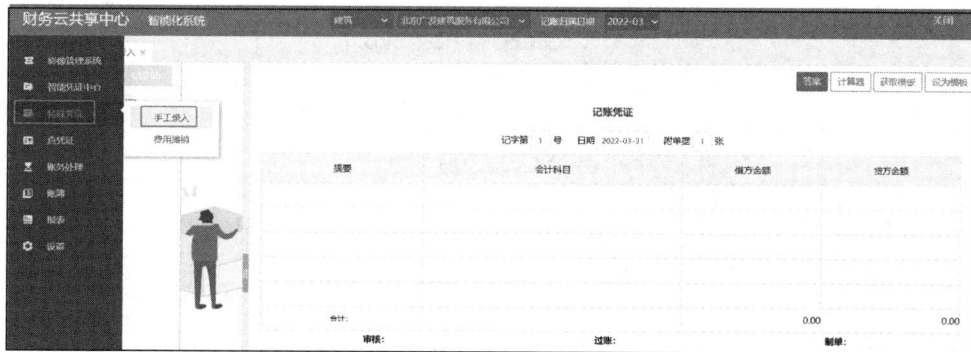

图 3-10-6　特殊凭证录入

根据票据，填写右侧的记账凭证，主要填写的信息有记账凭证摘要、会计科目、借方金额、贷方金额。填写完后，单击【保存】按钮即可。

为了提高工作效率，对于常见的业务类型，做完分录后，可单击【设为模板】按钮，待下次录入相同类型的业务时，只需单击【获取模板】按钮，修改相应的金额即可。

财务云共享中心平台内置"查看备注""查凭证"等功能，为财税代理人员操作过程中出现的问题提供了解决指引和解决路径。

录入票据时，财税代理人员可能因为票据信息不全，无法准确判断票据类型或票据结算方式，也可能因为票据信息模糊不清，无法获取正确的票据信息。此时，财税代理人员需要使用"查看备注"功能，单击【查看备注】按钮，查看票据补充说明的信息。

完成票据录入工作后，系统会自动生成记账凭证，财税代理人员应做记账凭证的审核工作。单击【查凭证】按钮，可进行凭证的审核、反审核、一键整理凭证号、导出凭证等操作。

本项目介绍的票据业务类型的划分依据的是财务云共享中心平台的票据业务类型划分模式。实务中，各个财税代理公司使用的信息化系统票据录入规则略有差异，票据业务类型划分也会有所区别，但基本的原理和方法是一样的。

项目训练

知识训练

1. （单选题）下列单据在进行票据录入时，应该选择的票据类型是（　　）。

A. 付款类票据　　　　　　　　B. 收款类票据

C. 转款类票据　　　　　　　　D. 特殊类票据（手工凭证）

2.（单选题）下列票据可以抵扣的进项税额是（　　　）。

A. 600÷（1+3%）×3%　　　　B. 600÷（1+6%）×6%

C. 600÷（1+9%）×9%　　　　D. 600÷（1+13%）×13%

3.（单选题）下列单据应选择的业务类型是（　　　）。

A. 采购（费用）付款　　　　　B. 缴纳企业所得税

C. 缴纳增值税　　　　　　　　D. 缴纳住房公积金

4.（多选题）下列选项中属于付款类票据的有（　　　）。

A. 银行付款回单　　　　　　　B. 住房公积金汇（补）缴书

C. 转账支票存根　　　　　　　D. 增值税专用发票

5.（多选题）财务云共享中心平台付款业务类型包括（　　　）。

A. 采购（费用）付款　　　　　B. 其他应付款

C. 支付工资　　　　　　　　　D. 利息支出

6.（多选题）发放工资需要把个人承担的社会保险部分扣除，可以计入（　　　）。

    A．其他应付款   B．应收账款

    C．其他货币资金   D．其他应收款

7．（多选题）下列票据中，可以用于抵扣进项税额的有（　　　）。

    A．取得的增值税专用发票

    B．开具的增值税专用发票

    C．取得的增值税普通发票

    D．取得的航空运输电子客票行程单

8．（判断题）偏远地区和交通不便地区的开户单位的库存现金限额，可按多于 5 天，但不得超过 20 天的日常零星开支的需要确定。（　　　）

9．（判断题）一般纳税人销售货物必须开具增值税专用发票。（　　　）

10．（判断题）施工企业向金融机构借款所发生的手续费应记入"财务费用"账户。（　　　）

11．（判断题）部分服务行业不涉及成本结转，而是在发生时直接记入"主营业务成本——服务成本"科目。（　　　）

技能训练

登录财务云共享中心平台完成一家公司的票据整理和录入操作，任务要求：

（1）整理票据，进行影像获取与整理；

（2）根据票据类型，完成票据录入工作。

项目十一

企业财税审核

🔒 学习目标

知识目标

1. 掌握原始凭证的审核要点；
2. 掌握记账凭证的审核要点。

技能目标

1. 能够进行账证、账账、账实核对，审核凭证的合法性、合理性和正确性，并对差错进行更正；

2. 能够按照相关政策和财务制度的规定，进行计提折旧、结转损益等期末工作，最终完成结账工作；

3. 能够按照报表编制的要求，利用财务云共享服务中心平台自动生成财务报表，并对自动生成的财务报表进行审核，对其中存在的差错进行处理。

素质目标

1. 熟悉国家相关法律规范，遵守保密原则，对客户资料做好管理，提高服务质量；

2. 能够立足基础，爱岗敬业、诚实守信、依法合规办理财税审核业务，对各类错误及时进行纠正或上报。

项目描述

启智科技有限公司与润心财税代理有限公司签订委托财税代理协议，每个月将各项业务单据送至该代理公司，该代理公司按照协议要求完成票据的整理、扫描和录入。

每月末，当财税代理人员完成票据整理录入工作后，系统将自动生成记账凭证、审核、过账、完成总账及明细账的登记工作、生成资产负债表和利润表。整个过程完成后，还需要财税代理人员进行审核，确保每笔经济业务的核算和报表之间勾稽关系的合规性、正确性和完整性。

知识准备

一、原始凭证审核

根据会计基础工作规范，只有经过审核且审核无误的原始凭证，才能作为编制记账凭证和登记账簿的依据。

凭证的审核

审核原始凭证时，要保证原始凭证所记载的经济业务的确是企业所发生的，内容真实可靠、合理合法。对于企业取得的外来原始凭证，必须保证各项目齐全准确，比如企业名称、纳税人识别号、货物或应税劳务及服务名称、税收编码、税率等。而企业自制的原始凭证，应保证手续完备、内容完整。

原始凭证按取得的来源分为两类。

（1）外来原始凭证。

外来原始凭证是指在经济业务完成时，从发生经济业务往来的单位或个人直接取得的原始凭证。如增值税专用发票、增值税普通发票、出差报销的火车票和飞机票等。

外来原始凭证审核要点如下。

① 审核发票的真伪，可通过网上查询、扫描发票二维码、电话查询等方式进行。

② 审核购销方信息是否正确，发票日期是否属于会计的核算期间。

③ 审核发票金额是否和合同金额相符。

小贴士

　　原始凭证金额有错误的，由出具单位重开。原始凭证有其他错误的，由出具单位重开或更正，更正处应当加盖出具单位印章。

　　（2）自制原始凭证。

　　自制原始凭证是指由本单位有关部门和人员，在执行或完成某项经济业务时填制的原始凭证，如领料单、产品入库单、借款单、折旧费计算表、工资费用分配表等。

　　自制原始凭证审核要点如下。

　　① 支付申请：向审批人提交货币资金支付申请，注明款项的用途、金额、预算、支付方式等内容。

　　② 支付审批：根据职责和权限进行审批。

　　③ 支付复核：复核无误后，交由出纳人员办理支付手续。

　　④ 办理支付：出纳人员办理支付并及时登记库存现金和银行存款日记账。

二、记账凭证审核

　　财税代理人员为了保证财务处理的质量，在结转损益前应对记账凭证进行严格的审核。财务云共享中心平台的记账凭证，是在录入票据信息后系统自动生成的。在审核记账凭证时，要关注会计科目是否正确，是否附有原始凭证，所附原始凭证是否与记账凭证反映的内容一致。

　　审核要点如下。

　　（1）摘要是否简洁明了，是否能描述清楚经济业务的内容，记账凭证的内容和原始凭证是否一致。

　　（2）记账凭证的借方科目和贷方科目是否正确，账户的对应关系是否清晰。

　　（3）记账凭证所记录的金额与原始凭证的有关金额是否一致。

　　（4）记账凭证所附原始凭证张数是否齐全。

业务操作

　　财税审核的主要业务内容包括原始凭证审核、记账凭证审核、主要账户审核、期末事项审核、财务报表审核等。

一、凭证审核

财税代理人员需认真完成原始凭证的审核工作，保证审核结果的准确性。

财税代理人员在财务云共享中心平台审核记账凭证时，可选择【查凭证】→【预览】，查看单张记账凭证，也可选择【查凭证】→【修改】，查看每张记账凭证对应的原始凭证。

凭证经逐笔审核无误后，财税代理人员即可在财务云共享中心平台进行审核操作。登录平台，单击【查凭证】按钮，勾选对应凭证，单击【审核】按钮即完成了凭证审核操作。完成凭证审核操作后，即可进行过账。过账表示将凭证的数据全部登记到账簿上。登录平台，选择【账务处理】→【过账】→【过账】即可完成过账操作。

二、主要账户审核

在财税审核中，除了根据每一笔经济业务逐笔进行凭证审核之外，还需要根据账户的性质和记账规则，对主要账户进行审核。实际工作中，应重点审核资金类账户、往来款项账户、存货类账户、应交税费账户以及损益类账户等。

1. 资金类账户的审核

资金类账户主要指库存现金账户和银行存款账户。库存现金作为资产类账户，应保证不能出现贷方余额。银行存款账户，应保证银行存款日记账本期发生额、余额与银行对账单一致。如果银行对账单余额与银行日记账余额存在差异，则需要审核银行存款余额调节表，如表 3-11-1 所示。

表 3-11-1　银行存款余额调节表

单位：万元

项目	金额	项目	金额
企业银行存款日记账余额	4 500	银行对账单余额	3 800
加：银行已收、企业未收款	480	加：企业已收、银行未收款	1 480
减：银行已付、企业未付款	240	减：企业已付、银行未付款	540
调节后的存款余额	4 740	调节后的存款余额	4 740

2．往来款项账户审核

实务工作中，往来款项往往容易出现问题。如对账不及时，则会出现呆账；若会计处理不规范，把应收账款计入其他应收款，则会导致后期资金结算麻烦等。因此，需要做好内部控制，保证往来款项清晰、金额准确。审核时，首先需要根据科目余额表中"应收账款"的明细科目查找对应客户明细账；其次需要对当月的期初余额、本期借方发生额、本期贷方发生额、期末余额进行一一核对。

在实务工作中，对于往来业务比较多的企业，为了对账方便，针对一个供应商，经常只设置一个"应付账款"明细科目，记账时可以将预付的款项记入"应付账款"的借方，贷方反映应付而未付的款项。对于往来款项账户的审核，无论是采购业务还是销售业务，为了有效、准确地核对往来款项，针对同一个供应商或客户，一般不建议将往来款项"两边挂"，即既设置"应付账款"明细科目，又设置"预付账款"明细科目；或既设置"应收账款"明细科目，又设置"预收账款"明细科目。

3．存货类账户审核

在企业中，存货经常处在销售、耗用、购买或重置过程中，具有较强的变现能力和明显的流动性。存货类账户包括原材料、库存商品、在途物资、材料采购等，应保证不能出现贷方余额。

审核注意事项如下。

（1）审核原材料、库存商品的出入库单据，是否由相关负责人签字。

（2）审核期末存货明细账余额，查看明细账余额与实际库存余额是否相符。

（3）审核是否存在冷背残次的存货，影响存货的价值，如果存在，是否按规定计提了存货跌价准备。

4．应交税费账户审核

应交税费账户用来核算企业应缴纳的各种税费，包括增值税、所得税、附加税等，重点审核应交税费各明细科目发生额、余额的正确性。

对于一般纳税人应交增值税的审核，将"应交税费——应交增值税（销项税额）"专栏贷方合计金额与增值税专用发票汇总统计表、增值税普通发票汇总统计表、电子普通发票汇总统计表中的"实际销项税额"核对，同时也应与无票收入计算的增值税销项税额进行核对；将"应交税费——应交增值税（进项税额）"专栏借方合计金额与进项税额认证清单中的数据进行核对。

审核要点如下。

（1）通过科目余额表，可以查找"应交税费——应交增值税（销项税额）"本期发生额、期末余额。

（2）与该账户的明细账核对。如果有金额不符的情况，则可以通过凭证号查找问题。

小规模纳税人应交税额的审核，需将"应交税费——应交增值税"科目的余额与增值税开票汇总统计表中的金额核对。一定要注意是否享受增值税减免政策。

在保证增值税计算准确无误的情况下，再计算附加税。对于城市维护建设税、教育费附加、地方教育附加等附加税，要注意相关附加税的减免政策。

审核注意事项如下。

（1）确保应交税费账户余额与资产负债表项目记录的金额一致。

（2）结合利润表"营业收入""税金及附加"等项目，审核是否有漏记的应交税费。

（3）纳税人享受减免税规定的，要核实是否已取得了减免税的批准文件和税务机关汇算清缴确认文件。

5．损益类账户审核

季度末，在计算企业所得税时，一定要保证营业收入、营业成本、利润总额的金额与相关科目核对无误，如将企业所得税计算表中的"营业收入"项目的金额与"主营业务收入""其他业务收入"科目的加总金额核对。

三、期末事项审核

月末，需要对期末事项涉及的相关数据进行审核，常见的期末事项包括计提固定资产折旧、计提无形资产摊销、计提职工工资、房屋租金摊销、结转损益等。在审核相关数据时应确保计提、摊销、结转事项均无遗漏。

1．计提固定资产折旧的审核

通常情况下，企业采用直线法计提折旧。财税代理人员可通过查看固定资产费用摊销表，查看当月的折旧额是否有异常，是否有新增的固定资产，是否有处置的固定资产。

审核要点如下。

（1）固定资产的入账时间。

（2）固定资产月折旧额是否异常。

（3）固定资产是否发生增减变动。

审核固定资产折旧时，可选择【特殊凭证】→【费用摊销】→【固定资产】，查看固定资产折旧表。

2. 计提职工工资的审核

核对计提的职工工资、社保金额与工资表、社保计算表中的金额，保证数据准确无误。

3. 结转损益的审核

期末，应将各损益类账户的金额结转至"本年利润"账户，结转后无余额。因此，月末需检查财务云共享中心平台是否生成损益结转的记账凭证，结转后损益类账户应无余额。

登录平台，选择【账簿】→【多栏式明细账】，选择科目后单击【查询】按钮，每个损益类账户都要点进去查看是否无余额，审核损益类账户是否全部结转至"本年利润"账户。

完成结转损益，生成记账凭证后，仍需对该凭证进行审核、过账操作。具体操作流程与凭证审核、过账操作流程相同，可以登录财务云共享中心平台体验。

小贴士

要保证本期计提的固定资产折旧额与折旧计算表中的数据相符。

保证计提的各项税费，如增值税、城市维护建设税、教育费附加、地方教育附加、文化事业建设费、印花税、企业所得税、房产税和城镇土地使用税等金额准确，确保与申报金额一致。

要保证房租等摊销费用与摊销计算表中的金额相符。

要保证本期计提的无形资产摊销额与摊销计算表中的数据相符。

要保证损益结转无漏项，各损益类账户无余额。

四、财务报表审核

一般企业的财务报表包括资产负债表、利润表和现金流量表。财务报表是财务核算的最终产品，为了保证其数据准确无误，必须清楚报表之间的勾稽关系。

1. 资产负债表审核

① 资产负债表是反映企业财务状况的报表，包括资产、负债、所有者权益三个会计要素，且三要素之间的总体关系是：资产总额=负债总额+所有者权益总额。

② 资产负债表项目中"货币资金"期末余额应与现金流量表中的"六、期末现金及现金等价物余额"项目的金额相等，具体如图 3-11-1 和图 3-11-2 所示。

资产负债表
2023年10月31日　　　会企01表

编制单位：　　　　　　　　　　　　　　单位：元

资产	期末余额	上年年末余额	负债和所有者权益（或股东权益）	期末余额	上年年末余额
流动资产：			流动负债：		
货币资金	144 584.71	1 207 827.73	短期借款		

图 3-11-1　资产负债表部分截图

筹资活动现金流出小计		
筹资活动产生的现金流量净额		
四、汇率变动对现金及现金等价物的影响		
五、现金及现金等价物净增加额	-4 877 255.32	
加：期初现金及现金等价物余额	5 021 840.03	
六、期末现金及现金等价物余额	144 584.71	

图 3-11-2　现金流量表部分截图

③ 资产负债表中，报表项目"未分配利润"期末余额与期初余额相减，差额应等于利润表中的净利润的本年累计金额，具体如图 3-11-3 和图 3-11-4 所示。

资产负债表
2023年10月31日　会企01表

编制单位：　　　　　　　　　　　　　　单位：元

资产	期末余额	上年年末余额	负债和所有者权益	期末余额	上年年末余额
生产性生物资产	—	—	所有者权益（或股东权益）	—	—
无形资产	—	—	实收资本（或股本）	1 010 000.00	1 010 000.00
开发支出	—	—	资本公积		
长期待摊费用	—	—	盈余公积		
其他非流动费用	—	—	未分配利润	8 143 657.99	7 579 247.45
非流动资产合计	3 530.40	2 178.83	所有者权益（或股东权益）	9 153 657.99	8 589 247.45
资产总计	15 644 790.62	12 360 033.71	负债和所有者权益	15 644 790.62	12 360 033.71

图 3-11-3　资产负债表部分截图

利润表

编制单位：		2023年10月		金额单位：元
项目	行次	本年累计金额		本月金额
一、营业收入	1	1 944 144.39		—
减：营业成本	2	1 052 075.57		-598 253.11
三、利润总额（亏损总额以"-"号填列）	30	564 410.54		573 964.45
减：所得税费用	31			
四、净利润（净亏损以"-"号填列）	32	564 410.54		573 964.45

图 3-11-4　利润表部分截图

资产负债表审核总结如下。

① 表内填列内容是否完整，如日期是否漏填及有关人员签章是否齐全等。

② 表内相关数据的准确性，如将表内左右两边项目数字分别相加，计算资产的总额是否等于负债总额与所有者权益总额之和。

③ 表内综合项目的填列是否正确，如资产负债表"上年年末余额"栏内各项数字与上年年末资产负债表的"期末余额"栏内所列数字是否一致。

2.　利润表审核

利润表是反映企业在一定会计期间经营成果的财务报表。系统生成利润表后，需与"本年利润"科目的发生额、余额进行核对，保证数据准确无误。具体如图 3-11-5 和图 3-11-6 所示。

利润表

编制单位：		2023年10月		金额单位：元
项目	行次	本年累计金额		本月金额
一、营业收入	1	1 944 144.39		—
减：营业成本	2	1 052 075.57		-598 253.11
三、利润总额（亏损总额以"-"号填列）	30	564 410.54		573 964.45
减：所得税费用	31			
四、净利润（净亏损以"-"号填列）	32	564 410.54		573 964.45

图 3-11-5　利润表部分截图

科目代码	科目名称	借/贷	月初余额	本月借方发生额	本月贷方发生额	借/贷	期末余额
	负债类合计	借	854 388.18	84 343.05	-565 056.70	借	1 503 787.93
3001	实收资本	贷	1 010 000.00			贷	1 010 000.00
	李政	贷	500 000.00			贷	500 000.00
	李庆	贷	510 000.00			贷	510 000.00
3103	本年利润	借	9 553.91	-573 964.45		贷	564 410.54
3104	利润分配	贷	7 579 247.45			贷	7 579 247.45
3104001	未分配利润	贷	7 579 247.45			贷	7 579 247.45
	所有者权益合计	贷	8 579 693.54	-573 964.45		贷	9 153 657.99

图 3-11-6　科目余额表部分截图

3.　现金流量表审核

现金流量表是反映一定时期内（如月度、季度或年度）企业经营活动、投资活动和筹资活动对其现金及现金等价物所产生影响的财务报表。审核时需将本期资产负债表中的"货币资金"项目期末余额与上期资产负债表中"货币资金"项目期末余额相减，看差额是否与现金流量表"五、现金及现金等价物净增加额"项目的金额相同。具体如图 3-11-7、图 3-11-8 和图 3-11-9 所示。

四、汇率变动对现金及现金等价物的影响		
五、现金及现金等价物净增加额	-4 877 255.32	
加：期初现金及现金等价物余额	5 021 840.03	
六、期末现金及现金等价物余额	144 584.71	

图 3-11-7　现金流量表部分截图

资产负债表					
		2023年10月31日		会企01表	
编制单位：				单位：元	
资产	期末余额	上年年末余额	负债和所有者权益（或股东权益）	期末余额	上年年末余额
流动资产：			流动负债：		
货币资金	144 584.71	1 207 827.73	短期借款		

图 3-11-8　本期资产负债表部分截图

本期《资产负债表》部分					
资产负债表					
		2023年09月30日		会企01表	
编制单位：				单位：元	
资产	期末余额	上年年末余额	负债和所有者权益（或股东权益）	期末余额	上年年末余额
流动资产：			流动负债：		
货币资金	5 021 840.03	1 207 827.73	短期借款		

图 3-11-9　上期资产负债表部分截图

资产负债表上期期末"货币资金"项目余额（5 021 840.03 元）与现金流量表"加：期初现金及现金等价物余额"项目的金额相等。

资产负债表本期期末"货币资金"项目余额（144 584.71 元）与现金流量表"六、期末现金及现金等价物余额"项目的金额相等。

资产负债表本期期末"货币资金"项目与上期期末"货币资金"项目的差额（-4 877 255.32 元）与现金流量表"五、现金及现金等价物净增加额"项目的金额相等。

五、结账后错误修改

企业结账后发现错误，可以进行修改，修改流程如图 3-11-10 所示。

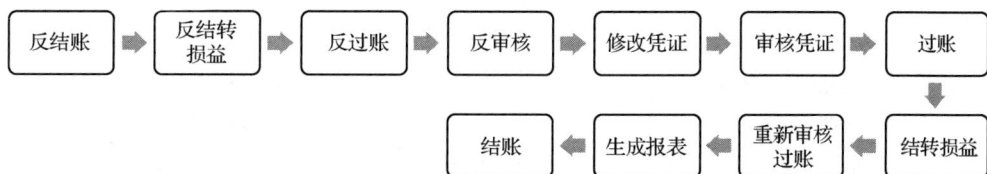

图 3-11-10　结账后错误修改的流程

项目训练

知识训练

1.（单选题）企业财务核算的原始凭证有外来的和自制的，下列单据不属于外来原始凭证的是（　　）。

　　A. 取得的航空运输电子客票行程单

　　B. 取得的增值税专用发票

　　C. 填制的差旅费报销单

　　D. 取得的银行收款回单

2.（单选题）下列各项中，不应计入财务费用的是（　　）。

　　A. 银行收取的账户管理费　　B. 外币应收账款的汇兑损失

　　C. 银行承兑汇票的手续费　　D. 发行股票的手续费

3.（单选题）现金流量表中的"六、期末现金及现金等价物余额"项目的金额一般等于（　　）。

　　A. 资产负债表中"货币资金"项目的期初金额

　　B. 资产负债表中"货币资金"项目的期末金额

　　C. "库存现金"账户期末余额

　　D. "银行存款"账户期末余额

4.（单选题）甲公司 2023 年年初未分配利润为 100 万元，本年净利润为 1 000 万元，按 10%计提法定盈余公积，按 5%计提任意盈余公积金，宣告发放现金股利为 80 万元，甲公司 2023 年年末未分配利润为（　　）万元。

　　A. 855　　　　B. 867　　　　C. 870　　　　D. 874

5.（单选题）乙公司本期营业利润为 300 万元，管理费用为 37 万元，投资收益为 88 万元，营业外支出为 10 万元，所得税费用为 40 万元，假定不考虑其他因素，该企业本期净利润为（　　）。

　　A. 301 万元　　B. 250 万元　　　C. 213 万元　　　D. 350 万元

6.（单选题）下列项目对企业营业利润有影响的是（　　）。

    A. 营业外收入　　　　　　　B. 所得税费用

    C. 投资收益　　　　　　　　D. 营业外支出

7.（单选题）在企业与银行双方记账无误的情况下，银行存款日记账与银行对账单余额不一致是由于有（　　）存在。

    A. 应收账款　　B. 应付账款　　C. 未达账项　　D. 其他货币资金

8.（单选题）小企业盘盈的库存现金，无法查明原因的，经批准处理后应（　　）。

    A. 计入营业外收入　　　　　B. 转入待处理财产损溢

    C. 冲减管理费用　　　　　　D. 冲减营业外支出

9.（单选题）固定资产计提折旧的时间是（　　）。

    A. 新增的当天　　　　　　　B. 新增的当月

    C. 新增的次月　　　　　　　D. 真正投入使用的时间

10.（多选题）会计人员在审核一张购买原材料的原始凭证时，发现凭证上单价和金额有涂改痕迹，且材料单价明显高于市场价格，对于该凭证下列说法正确的有（　　）。

    A. 是不真实的原始凭证

    B. 是不准确的原始凭证

    C. 会计人员有权不予接受，并向单位负责人报告

    D. 应予退回，并要求对方按规定更改补充

11.（多选题）实务中，出纳开具收款收据，其中一联要交给交款人，可在该联次盖上（　　）。

    A. 财务专用章和出纳章

    B. 公章和出纳章

    C. 发票专用章和出纳章

    D. 财务专用章和法定代表人章

12.（多选题）下列属于记账凭证审核的内容有（　　）。

    A. 记账凭证各项目的填写是否齐全

    B. 记录的内容是否与原始凭证的内容一致

    C. 会计科目使用是否正确

    D. 金额是否正确

13.（多选题）A公司设立时接受B公司作为资本投入的原材料一批，该批原材料合同约定价值200 000元，增值税进项税额为26 000元。已取

得增值税专用发票，A 公司应进行的财务处理为（　　）。

    A. 借记原材料科目 200 000 元

    B. 借记应交税费——应交增值税（进项税额）科目 26 000 元

    C. 贷记实收资本科目 226 000 元

    D. 贷记实收资本科目 200 000 元

14.（多选题）下列各选项中不影响企业利润总额的有（　　）。

    A. 营业利润　B. 所得税费用　C. 净利润　　D. 营业外收入

15.（多选题）在财务云共享中心平台月末结账以后，发现有错误的账务处理，应该（　　）。

    A. 反结账　　　　　　　　B. 反结转损益

    C. 反过账　　　　　　　　D. 反审核后去修改

16.（多选题）下列影响净利润计算的因素有（　　）。

    A. 营业外支出　　　　　　B. 所得税费用

    C. 主营业务成本　　　　　D. 管理费用

17.（判断题）发票上的二维码起着查验真伪的作用。（　　）

18.（判断题）原始凭证的真实性审核包括审核经济业务内容的真实性及数据的真实性。（　　）

19.（判断题）无论存货是盘盈还是盘亏，在未批准前，都应该通过"待处理财产损溢"科目核算。（　　）

20.（判断题）净利润是指利润总额减去所得税费用后的金额。（　　）

21.（判断题）某小规模纳税人本季度享受增值税免征优惠政策，即可不用进行纳税申报工作。（　　）

22.（判断题）期末对账时，也包括账证核对，即核对会计账簿记录与原始凭证、记账凭证的时间、凭证字号、内容、金额是否一致，记账方向是否相符。（　　）

23.（判断题）固定资产报废、毁损以及盘亏，均应通过"待处理财产损溢"科目核算。（　　）

24.（判断题）无论是采购业务还是销售业务，为了便于有效、准确核对往来账项，针对同一个供应商或客户，一般不建议往来款项"两边挂"，即既设置"应付账款"明细科目，又设置"预付账款"明细科目；或既设置"应收账款"明细科目，又设置"预收账款"明细科目。（　　）

25.（判断题）月末需检查是否生成损益结转的记账凭证，结转后损益类账户应无余额。（　　）

26.（判断题）完成结转损益生成记账凭证后，仍需对该凭证审核、过账。（　　　）

27.（判断题）期末，应将各损益类账户的金额结转至"利润分配"账户，结转后无余额。（　　　）

技能训练

登录财务云共享中心平台，完成一家公司的财税审核操作，任务要求如下：

（1）审核原始凭证的真实性、合规性，剔除不合规的票据；

（2）审核系统生成的记账凭证是否正确，且反映的经济业务是否与原始凭证一致；

（3）审核资金类账户、往来款项账户、存货类账户、应交税费账户是否合理；

（4）审核是否进行了损益结转，损益类账户是否有余额；

（5）审核资产负债表、利润表、现金流量表的表内关系和表间关系是否正确。

项目十二

财务云智能技术

🔒 学习目标

知识目标

1. 了解智能技术在财务各领域的应用;

2. 熟悉智能识别机器人、记账机器人和智能审核机器人的工作原理。

技能目标

1. 能够将票据扫描成对应格式的文件,复核智能识别数据的正确性,对差错进行修改,并上传至财务机器人平台;

2. 能够运用复核的方法和技巧,对系统传递过来的业务和凭证信息进行复核,复核无误后一键记账,复核记账机器人记账的正确性,并针对出现的问题进行修改或手工录入凭证;

3. 能够按照报表编制的要求,利用财务机器人平台自动生成财务报表,并进行审核及对差错进行处理。

素质目标

1. 能够严格遵守工作规范,针对相关问题进行有效沟通,保守商业秘密;

2. 严格遵守企业会计准则、会计基础工作规范等相关法律法规和公司制度,爱岗敬业、诚实守信,依法合规办理财务机器人扫描、记账和审核业务。

📖项目描述

采用财务云智能技术的财税代理机构，在拿到企业的纸质票据后，先对纸质票据进行整理分类，然后将其扫描上传至财务机器人平台，再应用光学字符阅读器（Optical Character Reader，OCR）智能识别并纠正错误，自动生成记账凭证。财税代理人员需要对纸质票据的真伪进行审核，再对系统智能识别出的票据信息进行审核，最后按照业务类别进行凭证审核。

知识准备

一、RPA 认知

机器人流程自动化（Robotic Process Automation，RPA）是针对各行业存在的大批量、重复性、机械化人工操作的情况，用自动化代替人工的软件机器人。

流程自动化实质是企业信息系统的外挂程序，模拟人操作一些简单、重复、规则明确的基础性的工作，按照固定的脚本执行既定的命令。RPA 多数情况下并非机械性实物机器人，而是各种技术组合的虚拟概念。

二、RPA 的分类

RPA 机器人根据人工干预程度进行分类，RPA 分为有人值守 RPA 和无人值守 RPA。

有人值守 RPA 是指需要与人交互的机器人。有人值守 RPA 与人类合作从事相关业务，提高重复的前台办公速度，它们需要人工干预，因此不是完全自动化的。当需要人为活动或智力来进一步执行或完成任务时，就需要人工干预。

无人值守 RPA 是指独立完成任务的机器人。无人值守 RPA 可以在没有人的情况下操作任何后台事务。它们可以在物理计算机和虚拟化计算机上运行。它们也可以按业务需求随时启动和停止。无人值守 RPA 由服务器远程维护和引导，在没有任何干预的情况下可以完成端到端的任务。

三、RPA 与 AI 的区别

RPA 和人工智能（Artificial Intelligence，AI）都可以在一定程度上替代原有的人工劳动，但是两者还是有很大的区别的。RPA 只能依靠固定的脚本执行命令，并且进行重复、机械性的劳动，以外挂的形式部署在客户原有的系统上，所以我们强调 RPA 的流程化，而不是智能化。AI 能够进行机器学习和深度学习，具有自主学习能力，拥有认知能力，可通过大数据不断矫正自己的行为，从而有预测、规划、调度以及流程场景重塑的能力。RPA 倾向于重复地执行命令，AI 更倾向于发出命令。其实 RPA 部署并不难，但是要和 AI 结合就很难，和 AI 结合也是 RPA 的发展方向。

四、财务机器人

财务机器人是以 RPA 技术为主，能够针对财务的业务内容和流程特点，以自动化处理替代手工操作，辅助财务人员完成交易量大、重复性高、易于标准化的基础业务，从而优化财务流程，提高业务处理效率和质量的机器人。财务机器人主要适用于大量重复、基于规则、结构化的流程，具体适用的流程如图 3-12-1 所示。

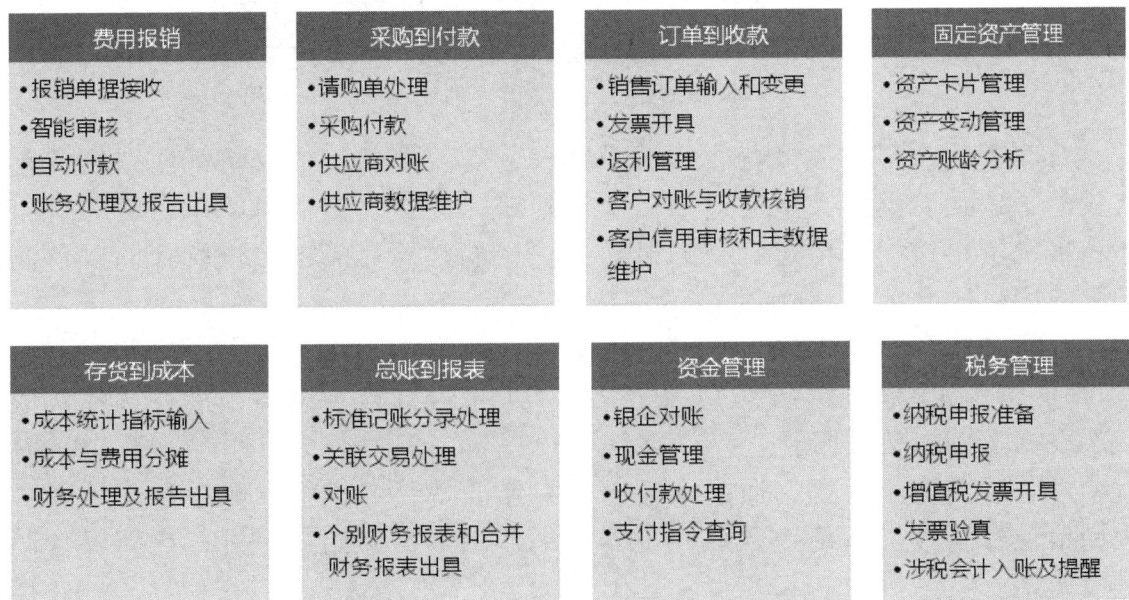

费用报销	采购到付款	订单到收款	固定资产管理
•报销单据接收 •智能审核 •自动付款 •账务处理及报告出具	•请购单处理 •采购付款 •供应商对账 •供应商数据维护	•销售订单输入和变更 •发票开具 •返利管理 •客户对账与收款核销 •客户信用审核和主数据维护	•资产卡片管理 •资产变动管理 •资产账龄分析

存货到成本	总账到报表	资金管理	税务管理
•成本统计指标输入 •成本与费用分摊 •财务处理及报告出具	•标准记账分录处理 •关联交易处理 •对账 •个别财务报表和合并财务报表出具	•银企对账 •现金管理 •收付款处理 •支付指令查询	•纳税申报准备 •纳税申报 •增值税发票开具 •发票验真 •涉税会计入账及提醒

图 3-12-1 财务机器人适用的流程

财务机器人的优点在于安全、准确、高效、业务处理成本低；主要的局限性在于无法处理异常事件、运营保障成本高、需要跟踪优化机制。

业务操作

一、智能识别

1. 影像管理

影像管理支持对票据的采集、传输、存储和调用，并能实时跟踪影像文件。影像管理系统分为扫描子系统和存储子系统，扫描子系统安装在计算机端，计算机端通过控制扫描仪对各种原始凭证、银行对账单、报税资料等进行影像扫描、图片处理、OCR 智能识别、影像分类和影像上传（包括扫描上传和本地上传）等处理。存储子系统对影像票据进行分类管理，可以实现对影像资料的审核、审阅、调取和使用。影像管理的流程如图 3-12-2 所示。

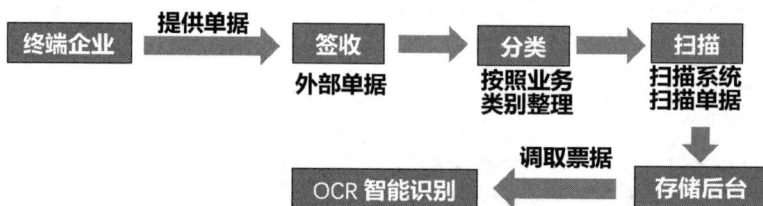

图 3-12-2　影像管理的流程

实务中，财务人员若收到纸质票据，需要使用扫描仪将纸质票据转化成电子票据。财务人员通过扫描上传将账务资料、银行对账单、附件资料和报税资料按类别传送到财务机器人平台的票据存储系统进行存储以备调取使用。

打开财务机器人平台上传票据页面，单击【扫描上传】下拉按钮，在【账务资料】【银行对账单】【附件资料】【报税资料】选项中进行选择，依次根据类别上传至平台。

若收到电子票据，通过本地上传将账务资料、银行对账单、附件资料和报税资料按类别传送到财务机器人平台的票据存储系统进行存储以备调取使用。

打开财务机器人平台上传票据页面，单击【本地上传】下拉按钮，在【财务资料】【银行对账单】【附件资料】【报税资料】选择中进行选择，依次根据类别上传至平台。

利用智能机器人系统，可以将企业票据内置于票据库。模拟练习只需要获取票据，具体操作步骤如下。

步骤一：登录财务机器人平台，选择【企业类型】和【企业名称】，进入主页面。

步骤二：单击【菜单】按钮，选择【影像】→【影像获取】，即可从票据库中调取票据。

2. 内容识别

图像识别是人工智能的一个重要领域。图像识别是指利用计算机对图像进行处理、分析和理解，以识别各种不同模式的目标和对象的技术，是应用深度学习算法的一种实践应用。

OCR 技术的原理是将扫描后的图片进行纠偏、补光等预处理，获取图片上的文字特征，与字库进行比对，然后进行后期识别纠正，输出识别后的数据。在财务领域，运用 OCR 识别技术来主动识别发票、行程单、火车票等原始凭证上的信息，包括发票类型、发票代码、金额、税率、税额等信息。

财务机器人平台内容识别的工作流程及操作步骤如下。

步骤一：登录财务机器人平台，单击【识别内容】按钮，机器人会自动识别票据的内容。

步骤二：每一张票据内容识别完成后，右下角会出现"已自动生成该票据凭证【立即查看】"字样，说明系统已对该张票据进行了处理，单击【立即查看】按钮即可查阅自动生成的记账凭证。

3. 错误纠正

错误纠正，是对 OCR 识别出的错误的票据信息进行纠正，包括 OCR 识别后处理和人工纠正两个部分。OCR 识别后处理用来对分类结果进行优化，由于汉字中形近字的存在及技术的局限性，OCR 识别很容易出错，OCR 识别后处理可以通过语言模型对该类错误进行纠正。OCR 识别的图片存在文字多、文字不规则的现象，OCR 识别后处理环节需要对识别结果进行格式化。OCR 识别后处理可以处理很多识别错误，但仍然存在很多处理不了的情况，需要人工进行纠正。

智能识别票据的作用是做账，当出现识别不准确、无法自动记账的情况时，需要检查的内容主要包括以下几点。

（1）做账主体名称是否出现错误。

（2）往来单位名称是否与期初往来单位一致。

（3）税率是否出现错误。

（4）货物或应税劳务、服务名称是否出现错误。

二、智能记账

财务机器人平台对收到的票据应用 OCR 智能识别并纠正错误后，可自动生成记账凭证，财税代理人员需要对结果进行选择性审核，对智能记账不能处理的特殊业务进行人工处理。

1. 智能记账的概念

智能记账是 RPA 在财务领域应用的一个环节。智能记账尚处于基本流程自动化阶段，主要适用于任务复杂程度低、分析决策难度低、有明确的规则、数据复杂程度低并且具有规范性的业务流程。RPA 在财务领域的应用主要在于账务处理、财务报告、资产折旧及减值、财务预测、发票验证和处理、纳税申报等方面。

（1）智能记账条件。

智能记账主要应用于有大量重复内容、规则明确的场景。财务机器人内置适合不同业务的记账模板，通过 OCR 识别票据信息字段数据，在有用的字段与记账模板字段高度匹配成功后，自动生成记账凭证，财税代理人员只需要监控整个操作流程即可。

（2）智能记账优势。

智能记账在业务处理上是按照既定规则进行的，不受人的干预，完成流程速度明显高于人工，同时可以消除人工处理结果的不一致，避免人工操作容易出现的问题，在提高工作效率的同时保证工作质量。

智能记账模式下，简单、大量重复和枯燥的基础工作由计算机完成，财税代理人员可以转型去做决策、分析等工作，从而可以调动财税代理人员的工作积极性。企业可以随时调取智能记账的结果，从而更好地为企业发展提供数据支持。

2. 记账结果审核

若 OCR 智能识别内容没有差错，在计算机自动生成记账结果后，财税代理人员可以按照不同的业务类型审核智能记账的结果，只要规则设置没有问题，相同的业务处理都是一样的操作流程，因此财税代理人员应重点审查新增加的业务类型和特殊业务。

3. 特殊业务处理

处于基本业务流程自动化阶段的智能记账，还不能很好地处理特殊业务，比如固定资产折旧表、工资表等手工单据的处理。由于每家企业票据信息不一致，对于这种类型的票据还是需要人工进行处理并审核。

一款记账机器人不可能满足所有企业的需要，财税代理人员一定要根据企业性质、纳税人制度、经营范围的不同，具体分析。

三、智能审核

财务机器人平台对票据智能识别、智能记账之后，财税代理人员需要对记账过程和记账结果进行审核，并完成期末结账工作。智能审核流程如图 3-12-3 所示。

图 3-12-3　智能审核流程

1. 票据审核

票据审核是通过 OCR 扫描实现的。在对系统智能识别信息进行审核时，如果出现发票抬头、发票日期等信息不正确的情况，则系统会提醒不能自动记账。智能机器人的工作原理是通过人工操作把业务规则模板预置到系统中，当达到条件后输出指定的结果或者动作，如果企业某个月份出现发票项目与以往不一致的情况，或者产生特殊的项目，系统就会做出提醒。

登录财务机器人平台，单击【票据】按钮，即可对 OCR 智能识别的票据信息进行审核。

2. 凭证审核

目前的财务软件都具备"一键审核"的功能，虽然操作非常简单，但是审核依然很重要。智能记账机器人业务规则模板已经由人工内置到系统中，相同的业务生成的摘要、使用的会计科目、会计科目借贷方向、税额、金额都是机器人根据规则模板识别字段自动生成的，所以凭证审核相对简单，按照发生业务的类别选择性审核即可。一般情况下，只要记账规则没有问题，机器人记账就不会出现错误。

在财务机器人平台审核凭证，可以单击【立即查看】按钮，审核原始凭证与系统生成的记账凭证信息是否相符，也可以单击【菜单】按钮，选择【查凭证】→【预览】进行凭证审核。

除了凭证的审核，财税代理人员还应对重要会计科目进行审核。比如，往来科目重分类审核：当一个客户被记在不同的往来科目时，系统会进行自动抓取，按照重分类规定进行处理。例如，货币资金审核：将现金、银行存款、其他货币资金的比对值设置为 0，当账面金额小于 0 时，则审核不通过；存货审核：将库存商品、原材料等的比对值设置为 0，当账面金额小于 0 时，则审核不通过。如果审核过程中发现问题，应及时检查相关业务是否有错。

完成审核工作之后，单击【查凭证】按钮，勾选未审核的业务，单击【审核】按钮，即可完成智能审核的工作。

3. 期末结账

财务机器人平台对企业票据进行处理的全流程如图 3-12-4 所示。

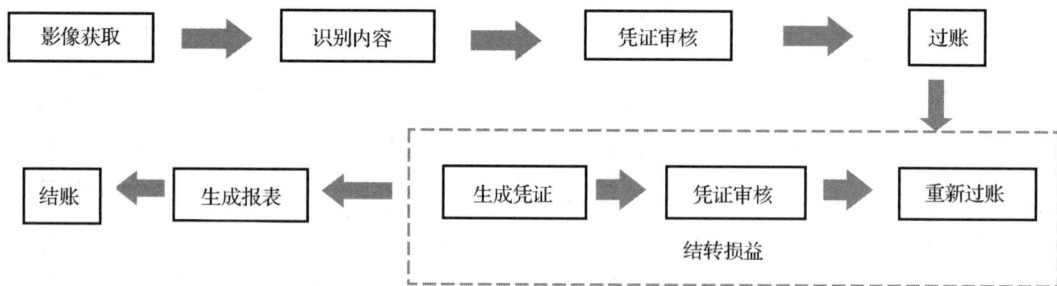

图 3-12-4　财务机器人平台的票据业务处理全流程

期末结账时步骤如下。

步骤一：选择【账务处理】→【过账】，根据年份月份，单击【过账】按钮。

步骤二：选择【账务处理】→【结转损益】，根据已结账的账务处理，单击【结转损益】按钮。

步骤三：结转损益后，生成了损益凭证，需要审核凭证。单击【查凭证】按钮，勾选需要审核的凭证，单击【审核】按钮。

步骤四：选择【账务处理】→【过账】，单击【重新过账】按钮。

步骤五：选择【账务处理】→【结账】，单击【期末结账】按钮，即表示完成结账。

在平台操作过程中，如果当月还有票据未完成账务处理，系统将不允许结账，此时需要反向操作，操作流程如图 3-12-5 所示。

图 3-12-5　业务流程的反向操作

项目训练

知识训练

1.（单选题）财务机器人平台对企业票据处理的全流程和财务云共享中心平台的处理流程极其类似，唯一的区别在于（　　　）。

　　A. 财务机器人平台不需要进行人工录入票据

　　B. 财务机器人平台不需要结转损益

　　C. 财务机器人平台不需要结账

　　D. 财务机器人平台不需要过账

2.（多选题）影像管理支持对票据的（　　　），并能实时跟踪影像文件。

　　A. 采集　　　　　B. 传输　　　　　C. 调用　　　　　D. 存储

3.（多选题）下列选项中，属于 OCR 识别工作原理的有（　　　）。

　　A. 计算机在识别之前会对带有杂质的图片进行预处理

　　B. 计算机要对文档版面进行分析，分别对行和列进行字符切割，切出每个字符，将该字符送入内置的 OCR 识别模型进行字符识别，得到结果

　　C. 识别后处理主要应用于版面恢复及识别校正两个方面，便于修改识别结果

　　D. 财务机器人后台对识别的内容进行处理后，将识别的字段信息储存以便调取使用并且在前台展示出来方便检查纠正

4.（多选题）下列票据中可以通过 OCR 技术识别的有（　　　）。

　　A. 工资单据　　　　　　　　B. 增值税专用发票

　　C. 银行回单　　　　　　　　D. 增值税计算表

5.（多选题）智能识别票据的作用是做账，当出现识别不准确、无法自动记账的情况时，需要检查的内容包括（   ）。

    A. 做账主体名称识别是否出现错误

    B. 税率是否出现错误

    C. 往来单位名称是否与期初往来单位不一致

    D. 货物或应税劳务、服务名称是否出现错误

6.（多选题）财务机器人平台，特殊业务的处理包括（   ）。

    A. 计提固定资产折旧   B. 取现

    C. 计提并发放工资   D. 计提增值税

7.（判断题）财务机器人平台若收到纸质票据，需要使用扫描仪将纸质票据转化成电子票据。（   ）

8.（判断题）RPA 技术现如今一般只在财务、金融、医疗上得到应用。（   ）

9.（判断题）错误纠正，即对 OCR 识别出错误的票据信息进行纠正，包括 OCR 识别后处理和人工纠正两个部分。（   ）

10.（判断题）识别后处理用来对分类结果进行优化的识别，由于汉字中形近字的存在，加上技术的局限性，OCR 识别很容易出错，识别后处理可以解决这个问题。（   ）

11.（判断题）RPA 技术可应用于员工入职和离职、员工薪酬计算、邮件通知；也可应用于销售与市场启用自然语言处理（NLP）分析、社交媒体挖掘/监控、预测高价值销售线索。（   ）

12.（判断题）OCR 智能识别内容没有差错后，计算机自动生成记账结果，财税代理人员可以按照不同业务类型选择审核计算机自动生成的结果，只要规则没有问题，相同的业务处理结果都是一样的。（   ）

13.（判断题）处于第一阶段的智能记账还存在一些缺陷，即对特殊业务的处理。由于每家企业票据信息不一致，OCR 很难准确识别出字段，所以，这种类型的票据还需要通过人工进行处理并审核。（   ）

14.（判断题）票据审核是通过 OCR 扫描实现的。在对系统智能识别的信息进行审核时，如果出现发票抬头、大小写金额不相符，发票日期不正确等情况，则不能自动记账，系统也不会做出提示。（   ）

15.（判断题）智能记账机器人的工作原理是通过人工操作把业务规则模板预置到系统中，当达到条件后输出指定的结果或者动作，如果企业的某个月份出现发票项目与以往不一致的情况，或者产生特殊的项目，系统

会做出相应的提醒。（　　）

16.（判断题）使用 OCR 技术识别票据后不需要进行审核工作。（　　）

17.（判断题）由于智能记账机器人业务规则模板已经由人工内置到系统中，相同的业务生成的摘要、使用的会计科目、会计科目借贷方向、税额、金额都是机器人根据规则模板和识别字段自动生成的，所以凭证审核相对简单。（　　）

18.（判断题）在财务机器人平台审核凭证，可单击【立即查看】按钮，审核原始票据与系统生成的记账凭证信息是否相符，也可以在菜单栏选择【查凭证】→【预览】进行凭证审核。（　　）

19.（判断题）除了凭证的审核，财税代理人员还应对重要会计科目进行审核。比如，往来科目重分类审核：当一个客户被记在不同的往来科目时，系统会进行自动抓取，按照重分类规定进行处理。（　　）

20.（判断题）在财务机器人平台操作过程中，如果当月还有票据未完成账务处理，系统不允许结账。（　　）

技能训练

登录财务机器人平台完成一家公司的相关操作：

（1）智能识别，包含识别内容和纠正错误；

（2）智能记账；

（3）智能审核，包含对原始单据真实性、正确性的审核，对新增业务、重要会计科目的审核；

（4）期末结账。

项目十三

会计档案管理

🔒 学习目标

知识目标

1. 掌握会计资料的分类；
2. 熟悉电子专票的归档方法。

技能目标

1. 能够按照档案管理的工作操作规范打印单据、税务资料、合同等纸质资料，装订成册，并妥善保管；

2. 能够按照档案管理的工作操作规范熟练扫描增值税发票汇总表、认证结果通知书及纳税申报表等税务相关资料至档案管理系统；

3. 能够根据纸质档案情况建立纸质档案台账，与电子档案核对并保持一致；

4. 能够按照会计档案借阅制度严格执行档案的借阅管理，防止档案丢失或被篡改。

素质目标

1. 熟悉国家会计档案管理的相关法律规范，遵守职业道德规范，保守秘密、提高服务质量；

2. 勤学苦练技能，提升专业操作水平，培养创新精神。

项目描述

随着每个账期的结束，企业会计人员需要将相关的会计资料及时打印出来做好分类，并根据会计档案保管要求和保管期限对会计档案进行妥善保管。

知识准备

一、会计资料

会计资料的分类如下。

（1）会计凭证：包括原始凭证、记账凭证。

（2）会计账簿：包括总账、明细账、日记账、固定资产卡片及其他辅助性账簿。

（3）会计报告：包括月度、季度、半年度、年度财务会计报告。

（4）其他会计资料：包括银行存款余额调节表、银行对账单、纳税申报表、会计档案移交清册、会计档案保管清册、会计档案销毁清册、会计档案鉴定意见书及其他具有保存价值的会计资料。

二、电子发票归档

电子发票的归档分为以下四种情况。

（1）已建立电子档案管理系统的企业，使用了会计信息系统，与电子发票相关的记账凭证、报销凭证等已全部实现电子化（不包括纸质凭证扫描，下同）。这种情形可将电子发票与相关的记账凭证、报销凭证等电子会计凭证通过归档接口或手工导入电子档案管理系统进行整理、归档并长期保存。

（2）已建立电子档案管理系统的企业，使用了会计信息系统，但与电子发票相关的记账凭证、报销凭证等未实现电子化。这种情形可单独将电子发票通过归档接口或手工导入电子档案管理系统进行整理、归档并长期保存。

（3）无电子档案管理系统的企业，使用了会计信息系统，与电子发票相关的记账凭证、报销凭证等已全部实现电子化。这种情形可将电子发票与相关的记账凭证、报销凭证等移交会计档案管理人员保存，编制档号，存储结构建议采取图 3-13-1 所示的方式。

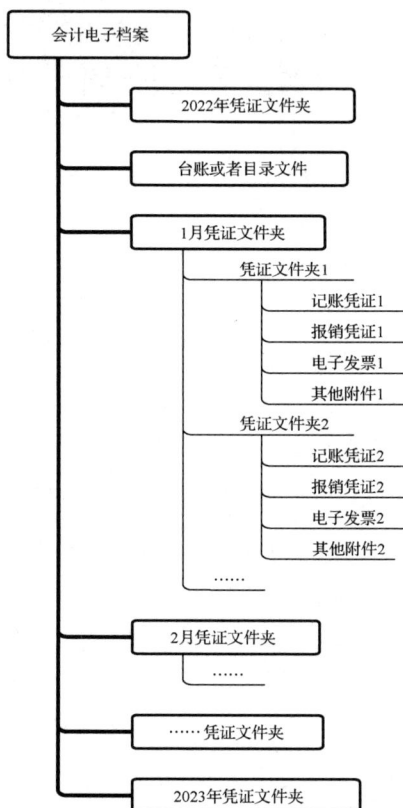

图 3-13-1　会计电子档案存储结构

企业应建立电子会计档案台账，台账的形式可以参考表 3-13-1。

表 3-13-1　电子会计档案台账

序号	档号	凭证号	摘要	凭证日期	电子凭证件数	备注

（4）无电子档案管理系统的企业，且未使用会计信息系统，与电子发票相关的记账凭证、报销凭证未实现电子化。这种情形下要将电子发票以电子形式移交会计档案管理人员保存，存储结构建议采取图 3-13-2 所示的方式。

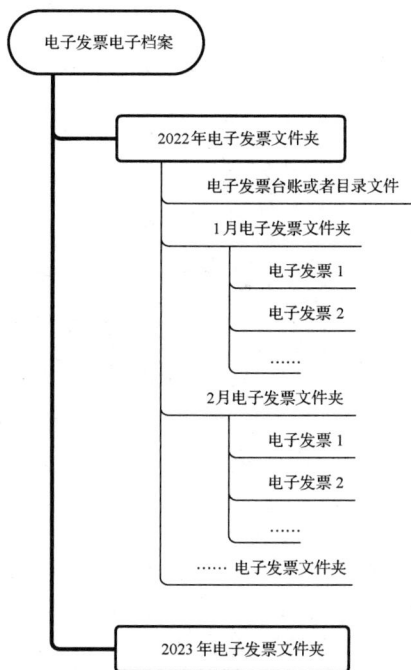

图 3-13-2 电子发票电子档案存储结构

企业应建立电子发票台账，台账的形式可以参考表 3-13-2。

表 3-13-2 电子发票台账

序号	统一社会信用代码	年度	交易事项	开票方名称	发票号码	开具日期	报销单据号	记账凭证号	文件名	备注

保存电子发票时，应当采用多重备份、定期检测等方法，保证电子发票档案在规定的保管期限内不会丢失并能被读取。

业务操作

会计档案管理人员首先应登录信息化账务处理系统或财务云共享中心平台进行会计资料保管工作。会计资料保管工作流程如图 3-13-3 所示。

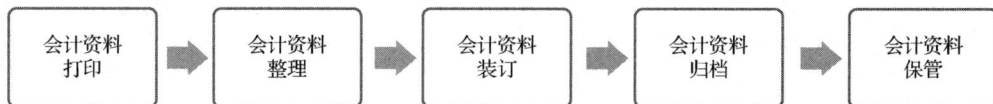

图 3-13-3 会计资料保管工作流程

👤 一、会计资料打印

会计档案管理人员在月末终了时，需打印记账凭证、财务报表及各类申报表；在年度终了时，需打印会计账簿中的总账、明细账、日记账、辅助账等。打印会计资料前需注意的事项如表 3-13-3 所示。

表 3-13-3　会计资料打印注意事项

会计资料类别	注意事项
会计凭证	核实凭证相关内容是否经过审核、是否已经结账
财务报表	检查报表是否平衡、勾稽关系是否正确
纳税申报表	检查申报的数据是否正确
会计账簿	检查明细账是否有遗漏
其他会计资料	发生时及时打印，如银行存款余额调节表、税务查账结论、税务申请报告、会计档案移交清册等

会计资料的打印分为以下四种情形。

1. 会计凭证的打印

① 准备凭证打印纸，大部分企业会采用断点式的通用凭证打印纸，也有企业采用 A4 纸打印。

② 选择合适的打印机，激光式打印机、喷墨式打印机或针式打印机，激光式打印机是大多数企业的首选。

③ 根据凭证打印纸的大小完成打印机自定义纸张的设置。

④ 登录信息化账务处理系统，找到【打印凭证】菜单，单击【打印】。

2. 会计账簿的打印

应打印的会计账簿包括总账、明细账、日记账等。总账和明细账一般是年末结账后或需要时打印。日记账原则上要求每天打印并对账，但也可以在满页之后再打印。每年结账后，第二年打印账簿时要重新打印现金日记账和银行存款日记账。

（1）打印总账。

登录信息化账务处理系统，选择【账簿】→【总账】，单击【总账打印】窗口。同时注意以下几点内容。

① 选择打印的会计期间。

② 选择科目范围。

③ 设置级次范围。

④ 不选【科目无年初余额，本年无发生也打印】。

⑤ 选择【科目有年初余额但本年无发生也打印】。

会计账簿打印完成后，在首页附上封面，并请相关责任人签字。

（2）打印明细账。

登录信息化账务处理系统，选择【账簿】→【明细账】，单击【明细账打印】。同时注意以下两点内容。

① 选择打印的会计期间。

② 选择科目范围。

明细账和总账一样，每类明细账首页都要附上封面。

（3）打印日记账。

实际工作中，不同企业的出纳登记日记账的方式各不相同，有的通过纸质订本式账簿手动登记，有的通过 Excel 电子表格登记，还有的在信息化账务处理系统中登记，具体是否需要打印保存，可根据企业实际情况操作。

3. 财务报表的打印

财务报表可根据企业情况按月度、季度、半年度、年度进行打印。

一般情况下，在打印报表时，登录信息化账务处理系统，找到【报表】模块，选择需要打印的财务报表，单击【打印】即可。打印出来的财务报表要附上报表封面，报表封面可购买，也可自行打印，封面内容主要包括企业名称、报表年份及相关负责人的签字等。

4. 其他会计资料的打印

实务中，除了上述会计资料需要打印存档外，还有其他会计资料也需要打印，一般包括银行对账单、银行存款余额调节表、税务查账结论、税务申请报告、会计档案移交清册、纳税申报表、认证结果通知书、增值税发票汇总表等。

纳税申报表、认证结果通知书、增值税发票汇总表等税收资料，应在每月或每季度纳税申报完成后立即打印，而其他会计资料则应在发生时及时打印。

二、会计资料整理

会计资料打印完成后，会计人员需要对其进行整理，整理过程中应注意以下几点。

（1）确保凭证不断号、不跳号。

（2）确保记账凭证上所记载的日期、金额、经济业务与后面附的原始凭证一一对应，避免出现与原始凭证不对应或遗漏的现象。

（3）确保凭证上的订书钉等金属物已经清除。

（4）在原始凭证较多的情况下，可分册整理，同时，确保在记账凭证封面注明共几册、当前是第几册。

（5）确保会计账簿按照日记账、总账、明细账、辅助账的顺序进行排列。

（6）确保财务报表等其他资料按照会计期间一一整理，避免出现遗漏。

三、会计资料装订

1. 记账凭证的装订

记账凭证装订时要准备封皮、封底、包角、打孔机等材料。记账凭证装订分为以下几个步骤。

① 将凭证封皮和封底分别附在凭证前后，在左上角放上凭证包角，并拿夹子将包角连同准备装订的凭证夹住，并将其固定好。

② 在包角折线上的适当位置（一般为折线上0.2～0.5厘米处）用铅笔画出2个装订点并打孔装订。

③ 将包角按顺序先向上翻折再向左侧翻折，并涂抹上胶水将其与凭证贴紧。

④ 在封面和包角侧面填写企业和账册信息。

记账凭证装订步骤如图3-13-4所示。

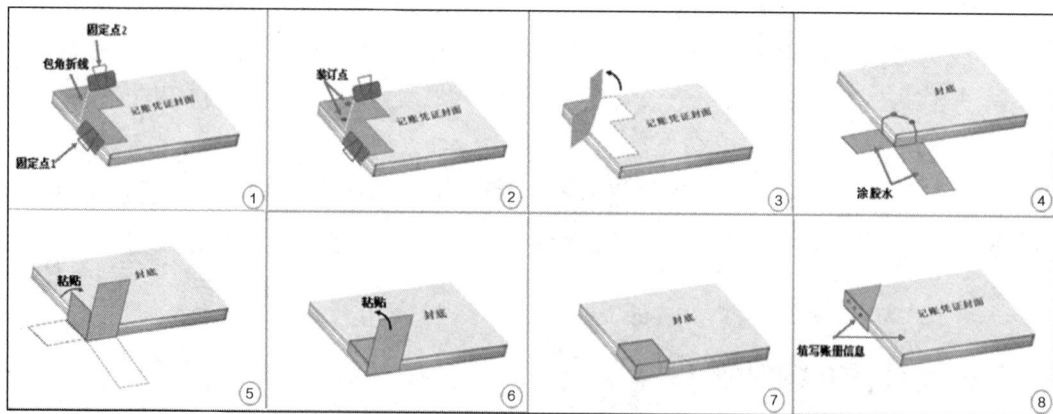

图3-13-4　记账凭证装订步骤

2. 会计账簿的装订

会计账簿在装订时,要将账簿启用表和账簿封面附在对应账簿的首页。实务中,装订账簿时,有些企业会用装订机将账簿装订成册,有些企业会用夹子将账簿固定。

3. 财务报表的装订

财务报表装订时只要将报表从上到下排列并对齐,加上报表的封面和封底就可以装订成册了,最后将封面的报表信息填写完整。

四、会计资料归档

1. 会计资料建档

当年形成的会计资料按照归档要求装订成册后,应以册为单位装进档案盒归档,同时,编制会计档案报告清册,如表 3-13-4 所示。

表 3-13-4 会计档案报告清册

一、会计凭证	形式	数量	凭证号码区间
年月			
年月			
年月			
二、账册	形式	数量	凭证号码区间
总账			
明细账			
日记账			
三、财务报表	形式	数量	凭证号码区间
资产负债表			
利润表			
现金流量表			
四、纳税申报表	形式	数量	凭证号码区间
五、其他会计资料			

在建档资料收集过程中,可以通过会计资料建档清单对资料的准确性、完整性、可用性、安全性进行审核,审核无误后归档入库。

2. 制作会计档案保管清册

会计档案保管清册含序号、类别、档案标题、起止时间、保管期限、卷内页数、备注，如表 3-13-5 所示。

表 3-13-5　会计档案保管清册

序号	类别	档案标题	起止时间	保管期限	卷内页数	备注
1	凭证	20××年 03 月记账凭证（一）	20××年 03 月 01 日至 20××年 03 月 10 日	30 年	50	
2	凭证	20××年 03 月记账凭证（二）	20××年 03 月 11 日至 20××年 03 月 20 日	30 年	36	
3	凭证	20××年 03 月记账凭证（三）	20××年 03 月 21 日至 20××年 03 月 31 日	30 年	45	

填写会计档案保管清册后，将其打印出来，一式三份，一份存档，一份交给企业财务部门，一份交给档案管理部。

3. 装盒、归档

装盒、归档即指将资料装进档案盒，并填写好档案盒封面和盒脊信息。会计凭证档案盒和会计档案盒分别如图 3-13-5 和图 3-13-6 所示。

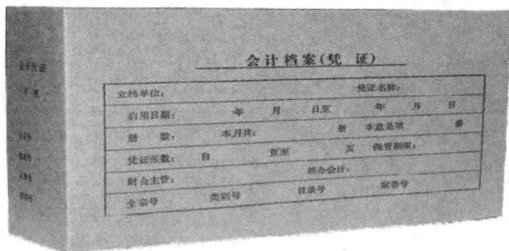

图 3-13-5　会计凭证档案盒

图 3-13-6　会计档案盒

👤 五、会计资料保管

会计年度终了后，会计档案可由单位会计管理机构临时保管一年（最长不超过三年），再移交单位档案管理机构保管。临时保管期间，出纳人员不得兼管会计档案。档案保管过程中，档案管理人员应重点关注保管方式、保管期限、档案借阅、档案销毁等方面的内容。

会计资料保管

1. 保管方式

会计档案一般分为纸质会计档案和电子会计档案。

① 纸质会计档案，较为常见，多数企业以纸质形式保管会计档案。

② 电子会计档案，保管更为便捷。

两种保管方式的保管内容相同，均包括会计凭证、会计账簿、财务会计报告以及其他会计资料。

会计资料保管的注意事项如下。

（1）纸质会计档案保管。

纸质会计档案的保管应分类按顺序存放，注意防火、防潮、防污、防窃、防蛀、防鼠。

（2）电子会计档案保管。

将纸质原始资料扫描转化为数字影像化文件，存储在计算机光盘以及磁性介质内，注意事项如下。

① 对数据光盘、磁盘等电子会计档案分类并按一定顺序进行编号，标明时间和文件内容，制作档案管理文件卡片。

② 定期进行检测，及时做好数据维护工作，做好防压、防光、防尘、防腐蚀、防病毒、防消磁等工作。

③ 做好数据备份工作，备用盘与储存盘分离放置，并设立备查登记簿，提供备份时间、数量、保管方式等备份信息。

2. 保管期限

会计档案的保管期限，从会计年度终了后的第一天算起。

会计档案的保管期限分为永久、定期两类。定期保管期限分为 5 年、10 年和 30 年，具体如表 3-13-6 所示。

表 3-13-6　会计档案保管期限

年限序号	永久	30 年	10 年	5 年
1	年度财务会计报告	会计凭证	银行对账单	固定资产卡片（作废清理后保管 5 年）
2	会计档案保管清册	会计账簿	银行存款余额调节表	
3	会计档案销毁清册	会计档案移交清册	纳税申报表	
4	会计档案鉴定意见书		中期财务会计报告（月度、季度、半年度）	

3. 档案借阅

企业应建立档案借阅审批制度，经过审批同意方可查阅相关会计档案。如果会计档案在企业会计管理机构，一般经过企业会计管理机构负责人批准即可。如果会计档案已经移交企业档案管理机构保管，则要经过企业负责人和企业档案管理机构保管负责人批准，具体按照档案管理的有关规定办理借阅手续。

4. 档案销毁

企业应定期对已到保管期限的会计档案进行鉴定，并形成会计档案鉴定意见书。经鉴定，仍需继续保存的会计档案，应当重新划定保管期限；对保管期限满，确无保存价值的会计档案，可以销毁。

销毁会计档案应编制会计档案销毁清册，列明拟销毁会计档案的名称、卷号、册数、起止年度、档案编号、应保管期限、已保管期限和销毁时间等内容。

项目训练

知识训练

1. （单选题）下列不属于其他会计资料的是（　　　　）。
    A. 银行存款日记账   B. 银行对账单
    C. 纳税申报表   D. 会计档案鉴定意见书

2. （多选题）会计资料包括会计凭证、会计账簿、会计报告及其他会计资料，下列资料中属于其他会计资料的有（　　　　）。
    A. 总账   B. 明细账   C. 日记账   D. 银行对账单

3. （单选题）电子会计档案备份制度的作用是（　　　　）。
    A. 防范自然灾害   B. 防范意外事故
    C. 防范人为破坏   D. 以上都是

4. （单选题）银行存款日记账的保管期限为（　　　　）。
    A. 5年   B. 15年   C. 20年   D. 30年

5. （多选题）根据《会计档案管理办法》，当年形成的会计档案，在会计年度终了后，可由单位会计管理机构临时保管（　　　　）年，再移交单位档案管理机构保管。因工作需要确需推迟移交的，经单位档案管理机构同意，可由单位会计管理机构临时保管，但保管时间最长不得超过

（　　　）年。

  A．1   B．2   C．3   D．5

  6．（多选题）记账凭证装订时，要准备（　　　）等材料。

  A．包角   B．打孔机   C．封皮   D．封底

  7．（多选题）每年年末，企业需要将当年的账本打印并装订成册，需要打印并装订的有（　　　）。

  A．总账   B．明细账

  C．银行存款日记账   D．库存现金日记账

  8．（多选题）在建档资料收集过程中，可以通过会计资料建档清单对资料的（　　　）进行审核，审核无误后归档入库。

  A．安全性 B．完整性   C．准确性   D．可用性

  9．（多选题）需要收集的建档资料有（　　　）。

  A．营业执照复印件   B．法定代表人身份证复印件

  C．企业财务制度   D．企业章程

  10．（多选题）会计档案的保管期限分为（　　　）。

  A．定期   B．永久   C．不定期   D．临时

  11．（判断题）打印记账凭证前需核实凭证相关内容是否经过审核，是否已经结账，再进行打印和装订工作。（　　　）

  12．（判断题）实务工作中，喷墨式打印机的打印清晰度较高、耗材少、速度快，是大多数企业打印记账凭证的首选。（　　　）

  13．（判断题）总账和明细账一般是年末结账后或需要时打印。（　　　）

  14．（判断题）打印资产负债表、利润表、现金流量表及科目余额表前，需检查报表是否平衡、勾稽关系是否正确；确认无误后再打印报表资料并装订成册。（　　　）

  15．（判断题）实务工作中，整理凭证时要确保记账凭证不断号、不跳号，检查记账凭证上所载的日期、金额、经济业务等信息与原始凭证是否一一对应，并将原始凭证附在对应的记账凭证后面。（　　　）

  16．（判断题）如果记账凭证所附原始凭证数量较多，记账凭证可以分册整理，同时，在记账凭证封面注明共几册、当前是第几册。（　　　）

  17．（判断题）财务计划说明书不属于财务会计报告的组成内容。（　　　）

  18．（判断题）会计资料整理完成后，要分类装订成册，主要包括记账凭证的装订、会计账簿的装订和财务报表的装订。（　　　）

  19．（判断题）其他会计资料的装订较为简单，如合同装订，只需将合

同分类整理后用订书机装订起来即可。（　　　）

20.（判断题）会计资料建档时，应注意电子会计资料的数据是否齐全、文件格式是否符合国家档案管理的有关规定。（　　　）

21.（判断题）当年形成的会计资料按照归档要求装订成册后，应分类并以册为单位装进档案盒归档，同时编制会计档案保管清册。（　　　）

22.（判断题）电子会计档案销毁不需要登记销毁记录。（　　　）

23.（判断题）会计档案的保管应当符合国家档案管理的有关规定，且出纳人员不得兼管会计档案。（　　　）

24.（判断题）对接收的电子会计档案，应当对其准确性、完整性、可用性、安全性进行审核，审核无误后归档入库。（　　　）

25.（判断题）电子会计档案的销毁应符合国家有关电子档案销毁的规定，销毁时可直接由单位档案管理机构负责监督，并记录销毁原因。（　　　）

技能训练

模拟企业会计资料的打印、整理、装订、建档、保管、借阅等工作，任务要求如下：

（1）建档前审查提供的资料是否齐全、真实、合法、有效、完整；

（2）完成会计档案保管的完整操作，包括打印、整理、装订、建档、保管；

（3）掌握不同会计档案的保管期限；

（4）熟悉会计档案借阅审批流程。

模块四 代理企业涉税事务

项目十四

增值税及附加税申报

🔒 **学习目标**

知识目标

1. 熟悉增值税的相关法律法规，掌握纳税人的认定标准；

2. 了解一般纳税人和小规模纳税人增值税应纳税额计算的相关规定。

技能目标

1. 能够正确地计算增值税的进项税额、销项税额和应纳税额；

2. 熟悉增值税纳税申报工作，能够完成增值税纳税申报表的填制和税款缴纳工作。

素质目标

1. 遵守法律法规，树立依法纳税意识，根据税收优惠政策为企业合理办税；

2. 严格遵守会计及税法法律法规的规定，爱岗敬业、诚实守信，依法合规办理增值税及附加税的申报事宜。

📋 项目描述

财税代理公司与客户签订委托财税代理协议，财税代理人员需要对客户每月发生的经济业务做账务处理，然后对客户提供的当月发生的经济业务的报税资料进行整理、审核、统计，并计算增值税的应纳税额，同时在纳税申报期内进行增值税的申报并缴纳税款。

知识准备

增值税是对在我国境内销售货物或者提供加工、修理修配劳务，销售服务、无形资产或者不动产以及进口货物的单位和个人，就其取得的增值额为课税对象而征收的一种税。

带你认识增值税

👤 一、小规模纳税人认定标准

自 2018 年 5 月 1 日起，增值税小规模纳税人认定标准为年应征增值税销售额 500 万元及以下。另外有以下规定。

① 年应税销售额超过小规模纳税人标准的其他个人一律视同小规模纳税人，不经常发生应税行为的单位和个体工商户可选择按小规模纳税人纳税。

② 下列纳税人不办理一般纳税人资格认定：个体工商户以外的其他个人；选择按照小规模纳税人纳税的非企业性单位；选择按照小规模纳税人纳税的不经常发生应税行为的企业。

> 🔍 **小贴士**
>
> 年应税销售额，是指纳税人在连续不超过 12 个月的经营期内（含未取得销售收入的月份或季度）累计应征增值税销售额，包括纳税申报销售额（包括免税销售额和税务机关代开发票销售额）、稽查查补销售额、纳税评估调整销售额。
>
> 销售服务、无形资产或者不动产（以下简称"应税行为"）有扣除项目的纳税人，其应税行为年应税销售额按未扣除之前的销售额计算。
>
> 纳税人偶然发生的销售无形资产、转让不动产的销售额，不计入应税行为年应税销售额。

👤 二、小规模纳税人增值税的计算

1. 小规模纳税人的征收率

小规模纳税人的主要征收率有 3% 和 5%，不同的征收率，适用范围有所不同，如表 4-14-1 所示。

表 4-14-1　小规模纳税人征收率

纳税人	征收率	适用范围
小规模纳税人	3%	销售货物或者加工、修理修配劳务，销售应税服务、无形资产
	5%	销售不动产、经营租赁不动产等
	个人出租住房，按 5% 征收率减按 1.5% 计算应纳税额；小规模纳税人销售旧货或销售自己使用过的固定资产，按 3% 征收率减按 2% 计算应纳税额	

2. 应纳税额的计算

小规模纳税人应纳税额的计算按照不含税销售额和规定的增值税征收率计算应缴纳增值税，不允许抵扣进项税额。

实务中，对于销售货物、服务、无形资产、不动产或提供加工、修理修配劳务等情况，采取销售额和增值税销项税额合并定价的方法，分离出不含税销售额，其计算公式为：

应纳增值税税额=含税的销售额/（1+征收率）×征收率

=不含税销售额×征收率

根据《财政部　国家税务总局关于简并增值税征收率政策的通知》（财税〔2014〕57 号），纳税人销售自己使用过的固定资产，符合简易计税方法条件的，按照简易计税方法依照 3% 征收率减按 2% 征收增值税。即：

不含税销售额=含税销售额/（1+3%）

应纳增值税税额=不含税销售额×2%

减免税额=不含税销售额×1%

3. 小规模纳税人税收优惠政策

《关于增值税小规模纳税人减免增值税政策的公告》（财政部　税务总局公告 2023 年第 19 号）规定，自 2023 年 1 月 1 日至 2027 年 12 月 31

日，对月销售额 10 万元以下（含本数）的增值税小规模纳税人，免征增值税。增值税小规模纳税人适用 3%征收率的应税销售收入，减按 1%征收率征收增值税；适用 3%预征率的预缴增值税项目，减按 1%预征率预缴增值税。

小规模纳税人发生增值税应税销售行为，合计月销售额未超过 10 万元（以 1 个季度为 1 个纳税期的，季度销售额未超过 30 万元，下同）的，免征增值税。

小规模纳税人发生增值税应税销售行为，合计月销售额超过 10 万元，但扣除本期发生的销售不动产的销售额后未超过 10 万元的，其销售货物、劳务、服务、无形资产取得的销售额免征增值税。

适用增值税差额征税政策的小规模纳税人，以差额后的销售额确定是否可以享受免征增值税政策。

三、一般纳税人增值税的计算

1. 一般纳税人的税率

一般纳税人的税率主要有 13%、9%、6%、0，不同的税率，具体适用范围如表 4-14-2 所示。

表 4-14-2　一般纳税人税率

税率类型	税率	适用范围
基本税率	13%	销售或进口货物，提供应税劳务，提供有形动产租赁服务
低税率	9%	提供交通运输服务、邮政服务、基础电信服务、建筑服务、不动产租赁服务，销售不动产，转让土地使用权
	6%	提供现代服务（租赁除外）、增值电信服务、金融服务、生活服务、销售无形资产（转让土地使用权除外）
零税率	0	出口货物、劳务，境内单位和个人发生的跨境应税行为

2. 应纳税额的计算

一般纳税人销售货物或者提供应税劳务及服务，一般采取扣减法计征应纳增值税税额，即根据一个纳税期的销售额乘以适用税率计算销项税额，再扣除采购环节已经支付的进项税额，据以计算应交增值税的方法。

其计算公式为：

当期应纳税额=当期销项税额-当期进项税额+进项税额转出-上期留抵税额

应纳税额计算的关键是正确地计算销项税额和进项税额。

（1）销项税额。

$$销项税额=当期销售额×适用税率$$

$$销项税额=组成计税价格×适用税率$$

组成计税价格是指按照计税价格应当包含的因素计算合成的计税价格，在产品没有实际交易价格或实际交易价格难以确定时，才会按产品的组成计税价格计税。

在确定销售额的过程中，企业可按销售时提供的不同的发票，将销售额的确定分为两种情况：已开具发票的销售额和未开具发票的销售额。

已开具发票的销售额，可以按照发票上的金额确定销售额和销项税额。

未开具发票的销售额，主要包括两种情形。

① 企业发生的一些零星销售业务。零星销售业务的购买方都为个人，销售时通常采用现金结算，很少开具发票。此种情况，收到的价款是价税合计，须换算为不含税的销售额，公式为：

$$不含税的销售额=含税销售额/（1+适用税率）$$

② 企业发生的一些视同销售行为，一般不开具发票，但也应当确认销售额，计算缴纳增值税。

🔍 小贴士

单位或者个体工商户的下列行为，视同销售货物：

① 将货物交付其他单位或者个人代销；

② 销售代销货物；

③ 设有两个以上机构并实行统一核算的纳税人，将货物从一个机构移送其他机构用于销售，但相关机构设在同一县（市）的除外；

④ 将自产或者委托加工的货物用于非增值税应税项目；

⑤ 将自产、委托加工的货物用于集体福利或者个人消费；

⑥ 将自产、委托加工或者购进的货物作为投资，提供给其他单位或者个体工商户；

⑦ 将自产、委托加工或者购进的货物分配给股东或者投资者；

⑧ 将自产、委托加工或者购进的货物无偿赠送其他单位或者个人。

企业在确认了当期销售额后，就可以根据税法规定的税率与销售额（不含税）的乘积算出当期销项税额，公式为：

当期销项税额=专用发票汇总表的实际销项税额+普通发票汇总表的实际销项税额+未开发票的销售额×适用税率

（2）进项税额。

进项税额是指纳税人购进货物、服务、不动产、无形资产或接受修理修配劳务，所支付或者负担的增值税税额。一般纳税人根据取得的可抵扣凭证核算准予从销项税额中抵扣的进项税额。

可抵扣凭证主要包括从销售方取得的全电发票（增值税专用发票和普通发票、航空运输电子客票行程单、铁路电子客票），全电纸质发票（增值税专用发票、普通发票），从海关取得的海关进口增值税专用缴款书，购进农产品的收购发票或者注明增值税税额的销售发票。

四、附加税的计算

附加税主要包括城市维护建设税、教育费附加和地方教育附加，附加税是对缴纳增值税、消费税的单位和个人征收的一种税。

"教育费附加"与"地方教育附加"有什么区别？

1. 附加税的税（费）率

城市维护建设税、教育费附加、地方教育附加直接以企业缴纳的增值税和消费税税额为计税依据。具体的税（费）率如表4-14-3所示。

表4-14-3　附加税税（费）率

税（费）种	税（费）率/%	备注
城市维护建设税	7	市区的纳税人
	5	县城、镇的纳税人
	1	不在以上区域的纳税人
教育费附加	3	—
地方教育附加	2	—

2. 计算公式

附加税具体的计算公式如下。

① 企业当期应纳的城市维护建设税=（当期实际缴纳增值税+当期实际缴纳消费税）×企业对应的城市维护建设税税率（7%、5%、1%）。

② 企业当期应纳的教育费附加=（当期实际缴纳增值税+当期实际缴纳消费税）×教育费附加率（3%）。

③ 企业当期应纳的地方教育附加=（当期实际缴纳增值税+当期实际缴纳消费税）×地方教育附加率（2%）。

3. 税收优惠政策

自 2023 年 1 月 1 日至 2027 年 12 月 31 日，对增值税小规模纳税人、小型微利企业和个体工商户减半征收资源税（不含水资源税）、城市维护建设税、房产税、城镇土地使用税、印花税（不含证券交易印花税）、耕地占用税和教育费附加、地方教育附加。增值税小规模纳税人、小型微利企业和个体工商户已依法享受资源税、城市维护建设税、房产税、城镇土地使用税、印花税、耕地占用税、教育费附加、地方教育附加等其他优惠政策的，可叠加享受上述优惠政策。

业务操作

一、小规模纳税人增值税纳税申报

1. 报税资料准备

财税代理人员，要在纳税申报截止时间之前完成纳税申报。小规模纳税人大多数采用季度申报，一般在季度结束的次月 15 日之前（遇节假日会顺延，具体查看税务网站征收期的截止日期）完成纳税申报工作。财税代理人员应将当季度三个月的增值税普通发票汇总表、增值税专用发票汇总表以及无票收入等相关报税资料进行汇总。然后制作税费计算表，并与账簿进行详细核对，完成报税资料的准备工作。

增值税小规模纳税人如何填写纳税申报表

2. 纳税申报

小规模纳税人的增值税申报表有 2 张，一张是增值税纳税申报表（小规模纳税人适用），另一张是增值税纳税申报表（小规模纳税人适用）附列资料。

　　小规模纳税人需在申报期内填写增值税纳税申报表及附列资料，若出现符合国家政策的增值税减免税的情况，则需填写增值税减免税申报明细表，然后完成增值税纳税申报表的填写，再进行申报，缴纳税款。

纳税申报案例

一、纳税人基本信息

纳税人识别号（统一社会信用代码）：91310107175952986D

纳税人电子档案号：92350627MA2Y6FRD3Q

纳税人名称：上海天涯旅游服务有限公司

组织机构代码：175952986

登记注册类型：内资企业

税务登记表类型：有限责任公司

纳税人状态：正常

所属行业：文化艺术业

企业会计制度：《小企业会计准则》

增值税企业类型：小规模纳税人

开业（设立）日期：2020-04-12

注册资本：5 000 000 元

从业人数：10 人

经营范围：文化艺术业等其他经营项目

生产经营地址：上海市普陀区龙泉街道永年路 9159 号

增值税征收品目：销售或者进口货物

申报期限：期满之日起 15 日内

纳税期限：季

税率：3%（不考虑税收减征和优惠）

二、企业 2023 年第一季度经营业务说明

上海天涯旅游服务有限公司系增值税小规模纳税人，提供国内旅游业务、入境旅游业务、出境旅游业务；旅游文化纪念品销售；票务代理；会议服务等。2023 年第一季度发生业务如下。

（1）提供会议服务取得不含税收入 174 500 元，已经开具增值税专用发票。

（2）提供国内旅游服务取得含税收入 91 500 元，已经开具增值税专用发票，本项业务向其他单位支付住宿费 20 500 元、餐饮费 5 500 元、门票

费 10 000 元、交通费 4 000 元。

（3）提供导游服务取得不含税收入 138 000 元，其中，60 000 元已开具增值税普通发票，78 000 元已开具增值税电子普通发票。

（4）销售旅游文化纪念品取得不含税收入 25 000 元，其中 11 000 元已开具增值税电子普通发票，14 000 元未开具发票。

（5）支付全年税控系统技术服务费 280 元，取得增值税普通发票。

（6）销售 2020 年购入的小轿车取得含税收入 115 360 元，已经开具增值税专用发票，该小轿车购入价为 150 000 元（不含税），已计提折旧 43 000 元。

部分发票如下。

（1）税控盘普通发票。

（2）完税凭证。

（3）增值税专用发票。

发票一（No.52434213）

3101203130

上海增值税专用发票
上海
此联不作报销、扣税凭证使用

No 52434213

3101203130
52434213

开票日期：2023-03-22

购买方	名　称：上海市露尼斯安全防护设备有限公司
	纳税人识别号：9131011363225660BM
	地址、电话：上海市宝山区清河口街道北城路9316号 021-2283389
	开户行及账号：交通银行上海市宝山区支行 6131011347650544

密码区：333-52823+58+415996+764762+-7054>4+-/6-1--42571++88+/+68>7+-6/-2340917++67-1525 08/730-+9178115/4945-850/9/

货物或应税劳务、服务名称	规格型号	单位	数量	单价	金额	税率	税额
*旅游服务*国内旅游服务					90000.00	***	1500.00
合　计					￥90000.00		￥1500.00

价税合计（大写）　⊗ 玖万壹仟伍佰元整　　（小写）￥91500.00

销售方	名　称：上海天涯旅游服务有限公司
	纳税人识别号：9131017175952986D
	地址、电话：上海市普陀区龙泉街道永年路9159号 021-7878995
	开户行及账号：中国农业银行上海市普陀区支行 6131017150D0666D

收款人：　　复核：　　开票人：江书凯　　销售方：（章）

第一联：记账联 销售方记账凭证

发票二（No.52434212）

3101203130

上海增值税专用发票
上海
此联不作报销、扣税凭证使用

No 52434212

3101203130
52434212

开票日期：2023-03-17

购买方	名　称：上海市翔科升工贸有限公司
	纳税人识别号：9131D1041937519234
	地址、电话：上海市徐汇区定中门街道召奉路9969号 021-7851512
	开户行及账号：中国建设银行上海市徐汇区支行 6131017047776387D

密码区：333-62823+58+415996+764762+-7054>4+-/6-1--42571++88+/+69>7+-6/-2347917++67-1525 08/730-+9178117/4945-850/9/

货物或应税劳务、服务名称	规格型号	单位	数量	单价	金额	税率	税额
*机动车*小轿车					112000.00	3%	3360.00
合　计					￥112000.00		￥3360.00

价税合计（大写）　⊗ 壹拾壹万伍仟叁佰陆拾元整　　（小写）￥115360.00

销售方	名　称：上海天涯旅游服务有限公司
	纳税人识别号：9131017175952986D
	地址、电话：上海市普陀区龙泉街道永年路9159号 021-7878995
	开户行及账号：中国农业银行上海市普陀区支行 6131017150D0666D

收款人：　　复核：　　开票人：江书凯　　销售方：（章）

第一联：记账联 销售方记账凭证

发票三（No.52434211）

3101203130

上海增值税专用发票
上海
此联不作报销、扣税凭证使用

No 52434211

3101203130
52434211

开票日期：2023-03-12

购买方	名　称：上海市鑫雨服务有限公司
	纳税人识别号：9131012489920D1238
	地址、电话：上海市黄浦区振兴大街1666号 021-8634281
	开户行及账号：中国工商银行上海市黄浦区支行 31D103D409D67661

密码区：333-52823+58+415996+764762+-7054>4+-/6-1--42571++88+/+69>7+-6/-2344917++67-1525 08/730-+9178117/4945-850/9/

货物或应税劳务、服务名称	规格型号	单位	数量	单价	金额	税率	税额
*会展服务*会议服务					174500.00	3%	5235.00
合　计					￥174500.00		￥5235.00

价税合计（大写）　⊗ 壹拾柒万玖仟柒佰叁拾伍元整　　（小写）￥179735.00

销售方	名　称：上海天涯旅游服务有限公司
	纳税人识别号：9131017175952986D
	地址、电话：上海市普陀区龙泉街道永年路9159号 021-7878995
	开户行及账号：中国农业银行上海市普陀区支行 6131017150D06660

收款人：　　复核：　　开票人：江书凯　　销售方：（章）

第一联：记账联 销售方记账凭证

三、本期销售情况统计

本期销售情况统计表

金额单位：元

开票情况	应税项目	金额	征收率	税额	备注
增值税专用发票	*会展服务*会议服务	174 500.00	3%	5 235.00	
增值税专用发票	*机动车*小轿车	112 000.00	3%	3 360.00	
增值税专用发票	*旅游服务*国内旅游服务	90 000.00	***	1 500.00	差额征税 40 000.00
增值税普通发票	*旅游服务*导游服务	60 000.00	3%	1 800.00	
增值税电子普通发票	*工艺品*纪念品	11 000.00	3%	330.00	
增值税电子普通发票	*旅游服务*导游服务	78 000.00	3%	2 340.00	
未开发票	*工艺品*纪念品	14 000.00	3%	420.00	

四、增值税纳税申报表的填制

增值税及附加税费申报表

（小规模纳税人适用）

纳税人识别号（统一社会信用代码）：91310107175952986D

纳税人名称：上海天涯旅游服务有限公司　　　　　金额单位：元（列至角分）

税款所属期：2023 年 01 月 01 日至 2023 年 03 月 31 日

填表日期：2023 年 04 月 11 日

	项目	栏次	本期数		本年累计	
			货物及劳务	服务、不动产和无形资产	货物及劳务	服务、不动产和无形资产
一、计税依据	（一）应征增值税不含税销售额（3%征收率）	1	25 000.00	362 500.00	25 000.00	362 500.00
	增值税专用发票不含税销售额	2		264 500.00		264 500.00

续表

项目	栏次	本期数		本年累计	
		货物及劳务	服务、不动产和无形资产	货物及劳务	服务、不动产和无形资产
其他增值税发票不含税销售额	3	11 000.00	138 000.00	11 000.00	138 000.00
（二）应征增值税不含税销售额（5%征收率）	4	—		—	
增值税专用发票不含税销售额	5	—		—	
其他增值税发票不含税销售额	6	—		—	
（三）销售使用过的固定资产不含税销售额	7（7≥8）	112 000.00	—	112 000.00	—
其中：其他增值税发票不含税销售额	8	—		—	
（四）免税销售额	9=10+11+12				
其中：小微企业免税销售额	10				
未达起征点销售额	11				
其他免税销售额	12				
（五）出口免税销售额	13（13≥14）				
其中：其他增值税发票不含税销售额	14				
本期应纳税额	15	4 110.00	10 875.00	4 110.00	10 875.00
本期应纳税额减征额	16		280.00		280.00
本期免税额	17				
其中：小微企业免税额	18				
未达起征点免税额	19				
应纳税额合计	20=15-16	4 110.00	10 595.00	4 110.00	10 595.00
本期预缴税额	21		7 642.86	—	—
本期应补（退）税额	22=20-21	4 110.00	2 952.14	—	—

一、计税依据 二、税款计算

续表

三附加税费	项目	栏次	本期数		本年累计	
			货物及劳务	服务、不动产和无形资产	货物及劳务	服务、不动产和无形资产
	城市维护建设税本期应补（退）税额	23	247.18		247.18	
	教育费附加本期应补（退）费额	24	220.58		220.58	
	地方教育附加本期应补（退）费额	25	147.05		147.05	

声明：此表是根据国家税收法律法规及相关规定填写的，本人（单位）对填报内容（及附带资料）的真实性、可靠性、完整性负责。

纳税人（签章）：　　2023 年 04 月 11 日

经办人： 经办人身份证号： 代理机构签章： 代理机构统一社会信用代码：	受理人： 受理税务机关（章）： 受理日期：　　年　月　日

增值税及附加税费申报表（小规模纳税人适用）附列资料（一）

（服务、不动产和无形资产扣除项目明细）

税款所属期：2023 年 01 月 01 日至 2023 年 03 月 31 日　填表日期：2023 年 04 月 11 日

纳税人名称（公章）：　　　　　　　　　　　　金额单位：元（列至角分）

应税行为（3%征收率）扣除额计算

期初余额	本期发生额	本期扣除额	期末余额
1	2	3（3≤1+2，且 3≤5）	4＝1+2-3
	40 000.00	40 000.00	

应税行为（3%征收率）计税销售额计算

全部含税收入（适用3%征收率）	本期扣除额	含税销售额	不含税销售额
5	6=3	7＝5-6	8＝7÷1.03
413 375.00	40 000.00	373 375.00	362 500.00

续表

应税行为（5%征收率）扣除额计算			
期初余额	本期发生额	本期扣除额	期末余额
9	10	11（11≤9+10，且11≤13）	12=9+10-11

应税行为（5%征收率）计税销售额计算			
全部含税收入（适用5%征收率）	本期扣除额	含税销售额	不含税销售额
13	14=11	15=13-14	16=15÷1.05

增值税及附加税费申报表（小规模纳税人适用）附列资料（二）

（附加税费情况表）

税（费）款所属时间：2023 年 01 月 01 日至 2023 年 03 月 31 日

纳税人名称：（公章）　　　　　　　　　　　　金额单位：元（列至角分）

税（费）种	计税（费）依据 增值税税额	税（费）率（%）	本期应纳税（费）额	本期减免税（费）额 减免性质代码	减免税（费）额	增值税小规模纳税人"六税两费"减征政策 减征比例（%）	减征额	本期已缴税（费）额	本期应补（退）税（费）额
	1	2	3=1×2	4	5	6	7=（3-5）×6	8	9=3-5-7-8
城市维护建设税	14 705	7%	1 029.35			50%	514.68	267.50	247.18
教育费附加	14 705	3%	441.15			50%	220.58		220.58
地方教育附加	14 705	2%	294.10			50%	147.05		147.05
合计	—	—	1 764.60	—		—	882.31	267.50	614.81

【政策依据】

《国家税务总局关于调整增值税纳税申报有关事项的公告》（国家税务总局公告 2019 年第 15 号）

【表单】

增值税减免税申报明细表

税款所属时间：自 2023 年 01 月 01 日至 2023 年 03 月 31 日
纳税人名称（公章）：上海天涯旅游服务有限公司　　金额单位：元（列至角分）

一、减税项目					
减税性质代码及名称	栏次	期初余额	本期发生额	本期应抵减税额	本期实际抵减税额	期末余额
		1	2	3=1+2	4≤3	5=3-4
合计	1		280.00	280.00	280.00	
01129914	2		280.00	280.00	280.00	
	3					
	4					
	5					
	6					

二、免税项目					
免税性质代码及名称	栏次	免征增值税项目销售额	免税销售额扣除项目本期实际扣除金额	扣除后免税销售额	免税销售额对应的进项税额	免税额
		1	2	3=1-2	4	5
合计	7					
出口免税	8	——	——	——	——	——
其中：跨境服务	9					
	10					
	11					
	12					
	13					
	14					
	15					
	16					

填表说明

1. 主表

（1）第 1 栏应征增值税不含税销售额（3%征收率）的第 1 列：25 000.00 元。

根据本期销售情况统计表，应征增值税不含税销售额（3%征收率）第 1 列=11 000.00+14 000.00=25 000.00（元）。

（2）第 1 栏应征增值税不含税销售额（3%征收率）的第 2 列：362 500.00 元。

根据本期销售情况统计表，应征增值税不含税销售额（3%征收率）第2列=362 500.00元。

（3）第2栏增值税专用发票不含税销售额第2列：264 500.00元。

根据本期销售情况统计表，第2栏增值税专用发票不含税销售额第2列=174 500.00+90 000.00=264 500.00（元）。

（4）第3栏其他增值税发票不含税销售额的第1列：11 000.00元。

根据本期销售情况统计表中企业开具的增值税电子普通发票的不含税额11 000.00元填入。

（5）第3栏其他增值税发票不含税销售额的第2列：138 000.00元。

（6）第7栏销售使用过的固定资产不含税销售额的第1列：112 000.00元。

（7）第15栏本期应纳税额的第1列：4 110.00元。

根据本期销售情况统计表，本期应纳税额的第1列=25 000.00×3%+112 000.00×3%=4 110.00（元）。

（8）第15栏本期应纳税额的第2列：10 875.00元。

根据本期销售情况统计表，本期应纳税额第2列=362 500.00×3%=10 875.00（元）。

（9）第16栏本期应纳税额减征额的第2列：280.00元（税控设备技术维护费）。

（10）第20栏应纳税额合计的第1列：4 110.00元。

（11）第20栏应纳税额合计的第2列：10 595.00元。

（12）第21栏本期预缴税额的第2列：2 952.14元。

2. 附表一

（1）第2栏和第3栏的数据：40 000.00元，根据本期销售情况统计表中国内旅游服务差额征税的含税价填入。

（2）第5栏的数据：413 375.00元，根据本期销售情况统计表中国内旅游服务的含税价填入，计算公式为：（174 500+78 000+60 000）×1.03+91 500=413 375.00（元）。

3. 附表二

系统自动根据主表的数据计算。根据完税凭证，本期预缴城市维护建设税267.50元。

4. 增值税减免税申报明细表

（1）减免性质代码：01129914。

（2）本期发生额280.00元，本期实际抵减税额280.00元。

二、一般纳税人增值税纳税申报

1. 报税资料准备

一般纳税人的报税人员，在整理报税资料时，首先要确认纳税申报的时间，然后要在申报时间之前进行报税资料的整理和统计等工作，最后完成报税资料的整理。

增值税一般纳税人一般情况下都是按月进行纳税申报的，在次月 15 日之前（遇节假日顺延，具体看税务局的通知）完成纳税申报工作。

（1）报税资料整理汇总及统计。按照所开发票类型及货物、劳务、服务进行明细区分，制作本月销售额统计表，如表 4-14-4 所示。进入电子税务局，查询并打印出本期开票信息，即增值税普通发票汇总表、增值税电子发票汇总表，并与月销售额统计表进行核对，同时统计未开票收入等相关报税资料。

表 4-14-4　月销售额统计表

20××年××月　　　　　　　　　单位：　　　　　　　金额单位：元

序号	发票类型	发票份数	应税项目	13%		9%		6%		5%		3%		备注
				金额	税额	金额	税额	金额	税额	金额	税额	金额	税额	
1	专用发票		货物											
			服务											
2	普通发票		货物											
			服务											
3	电子普通发票		货物											
			服务											
4	未开票		货物											
			服务											
5	其他发票		货物											
			服务											
	合计													

（2）进入电子税务局，查询并打印出本期开票信息。

（3）进入电子税务局，查询本期勾选认证信息，并打印本期的抵扣发票统计表。

（4）统计本期可享受税收优惠政策的数据资料，如加计抵减的进项税额等。

（5）制作增值税、附加税计算表，并与相关报税资料、账簿进行详细核对，完成报税资料的整理。

（6）制作税费计算表。

2. 纳税申报

一般纳税人的增值税纳税申报表共计6张，包含1张主表和5张附表，即主表：增值税及附加税费申报表（一般纳税人适用），附列资料一：增值税及附加税费申报表附列资料（一）（本期销售情况明细），附列资料二：增值税及附加税费申报表附列资料（二）（本期进项税额明细），附列资料三：增值税及附加税费申报表附列资料（三）（服务、不动产和无形资产扣除项目明细），附列资料四：增值税及附加税费申报表附列资料（四）（税额抵减情况表），附列资料五：增值税及附加税费申报表附列资料（五）（附加税费情况表）和增值税减免税申报明细表。

纳税申报案例

一、纳税人基本信息

纳税人识别号（统一社会信用代码）：911101012497134400

纳税人电子档案号：92350627MA2Y6FRD3Q

纳税人名称：北京缤纷饮料有限公司

组织机构代码：249713440

登记注册类型：内资企业

税务登记表类型：有限责任公司

所属行业：酒、饮料和精制茶制造业

企业会计制度：《小企业会计准则》

增值税企业类型：一般纳税人

开业（设立）日期：2013-03-05

注册资本：1 000 000元

从业人数：13人

经营范围：酒、饮料和精制茶制造业等其他经营项目

生产经营地址：北京市东城区清河口街道四达路49号

征收项目：增值税

征收品目：销售或者进口货物

申报期限：期满之日起15日内

纳税期限：月

税率：13%

二、企业信息说明

北京缤纷饮料有限公司属于小型微利企业，其城市维护建设税、教育费附加、地方教育附加、印花税减半征收。

1. 本期销售情况统计表

本期销售情况统计表

金额单位：元

开票情况	应税项目	金额	税率	税额	备注
增值税专用发票	*软饮料*苹果味 250ml×24 瓶	453 600.00	13%	58 968.00	
增值税专用发票	*软饮料*复合口味 250ml×24 瓶	352 000.00	13%	45 760.00	
增值税电子普通发票	*软饮料*西柚味 250ml×24 瓶	152 000.00	13%	19 760.00	
增值税普通发票	*机动车*货车	150 000.00	3%	4 500.00	
增值税普通发票	*软饮料*葡萄味 250ml×24 瓶	128 000.00	13%	16 640.00	
增值税普通发票	*软饮料*蜜桃味 250ml×24 瓶	168 000.00	13%	21 840.00	

2. 关于部分存货变质的说明

关于白砂糖变质的说明

仓储部损失说明：

2023 年 3 月 31 日盘查存货，发现白砂糖因放置不当已变质（已抵扣过进项税额），其价值为 2 000 元，税额为 260 元。此损失由企业自行承担。特此申明，即日生效。

参加人员：全体董事

日期：2023-03-31

3. 发票汇总表

发票汇总表

金额单位：元

类型	张数	金额	备注
本期认证相符的防伪税控专用发票	3	92 000.00	税额为 7 720.00 元
机票	6	13 816.00	含票价 13 216.00 元、燃油附加费 300.00 元、民航发展基金 300.00 元
增值税电子普通发票（打车）	10	3 090.00	发票的税率是 3%
合计	19	108 906.00	

4. 技术服务发票

5. 增值税及附加税费申报表期初数据

增值税及附加税费申报表期初数据　　　　金额单位：元

项目	一般项目	
	本月数	本年累计
（一）按适用税率计税销售额		1 130 769.20
销项税额		147 000.00
进项税额		80 000.00
应纳税额		67 000.00
应纳税额合计		67 000.00
期初未缴税额（多缴为负数）	46 480.00	
本期已缴税额	46 480.00	67 000.00
③本期缴纳上期应纳税额	46 480.00	67 000.00
城市维护建设税本期应补（退）税额		3 253.60
教育费附加本期应补（退）税额		1 394.40
地方教育附加本期应补（退）税额		929.60

三、增值税纳税申报表的填制

增值税及附加税费申报表

（一般纳税人适用）

根据国家税收法律法规及增值税相关规定制定本表。纳税人不论有无销售额，均应按税务机关核定的纳税期限填写本表，并向当地税务机关申报。

税款所属时间：自 2023 年 03 月 01 日至 2023 年 03 月 31 日

填表日期：2023 年 04 月 10 日

纳税人识别号（统一社会信用代码）：911101012497134400

所属行业：酒、饮料和精制茶制造业　　　　　　　　　　　金额单位：元

纳税人名称：北京缤纷饮料有限公司	法定代表人姓名		注册地址	北京市东城区清河口街道四达路49号	生产经营地址	北京市东城区清河口街道四达路49号
开户银行及账号		登记注册类型		一般纳税人	电话号码	

项　　目	栏次	一般项目		即征即退项目	
		本月数	本年累计	本月数	本年累计
（一）按适用税率计税销售额	1	1 253 600.00	2 384 369.20		
其中：应税货物销售额	2	1 253 600.00	2 384 369.20		
应税劳务销售额	3				
纳税检查调整的销售额	4				
（二）按简易办法计税销售额	5	150 000.00	150 000.00		
其中：纳税检查调整的销售额	6				
（三）免、抵、退办法出口销售额	7			—	—
（四）免税销售额	8			—	—
其中：免税货物销售额	9			—	—
免税劳务销售额	10			—	—
销项税额	11	162 968.00	309 968.00		
进项税额	12	8 926.00	88 926.00		
上期留抵税额	13				—
进项税额转出	14	260.00	260.00		
免、抵、退应退税额	15			—	—
按适用税率计算的纳税检查应补缴税额	16			—	—
应抵扣税额合计	17=12+13-14-15+16	8 666.00	—		
实际抵扣税额	18（如 17<11，则为17，否则为 11）	8 666.00			
应纳税额	19=11-18	154 302.00	221 302.00		
期末留抵税额	20=17-18				
简易计税办法计算的应纳税额	21	4 500.00	4 500.00		

续表

项 目		栏次	一般项目		即征即退项目	
			本月数	本年累计	本月数	本年累计
税款计算	按简易计税办法计算的纳税检查应补缴税额	22			—	—
	应纳税额减征额	23	1 780.00	1 780.00		
	应纳税额合计	24=19+21-23	157 022.00	224 022.00		
税款缴纳	期初未缴税额（多缴为负数）	25	46 480.00			
	实收出口开具专用缴款书退税额	26				
	本期已缴税额	27=28+29+30+31	46 480.00	67 000.00		
	①分次预缴税额	28			—	
	②出口开具专用缴款书预缴税额	29				
	③本期缴纳上期应纳税额	30	46 480.00	67 000.00		
	④本期缴纳欠缴税额	31				
	期末未缴税额（多缴为负数）	32=24+25+26-27	157 022.00	157 022.00		
	其中：欠缴税额（≥0）	33=25+26-27			—	—
	本期应补（退）税额	34＝24-28-29	157 022.00		—	—
	即征即退实际退税额	35	—		—	—
	期初未缴查补税额	36			—	—
	本期入库查补税额	37			—	—
	期末未缴查补税额	38=16+22+36-37				
附加税费	城市维护建设税本期应补（退）税额	39	5 495.77	8 749.37	—	—
	教育费附加本期应补（退）费额	40	2 355.33	3 749.73	—	—
	地方教育附加本期应补（退）费额	41	1 570.22	2 499.82	—	—

声明：此表是根据国家税收法律法规及相关规定填写的，本人（单位）对填报内容（及附带资料）的真实性、可靠性、完整性负责。

纳税人（签章）：　　　2023 年 04 月 10 日

经办人： 经办人身份证号： 代理机构签章： 代理机构统一社会信用代码：	受理人： 受理税务机关（章）： 受理日期：　　年　月　日

增值税及附加税费申报表附列资料（一）

（本期销售情况明细）

纳税人名称：（公章）北京缤纷饮料有限公司

税款所属时间：2023 年 03 月 01 日至 2023 年 03 月 31 日

全额单位：元（列至角分）

项目及栏次		开具增值税专用发票		开具其他发票		未开具发票		纳税检查调整		合计		价税合计	服务、不动产和无形资产扣除项目本期实际扣除金额	扣除后	
		销售额	销项（应纳）税额	销售额	销项（应）纳税额	销售额	销项（应）纳税额	销售额	销项（应）纳税额	销售额	销项（应纳）税额	价税合计		含税（免税）销售额	销项（应纳）税额
		1	2	3	4	5	6	7	8	9=1+3+5+7	10=2+4+6+8	11=9+10	12	13=11-12	14=13÷(100%+税率)×税率或征收率
一、一般计税方法计税 全部征税项目	13%税率的货物及加工修理修配劳务 1	805 600.00	104 728.00	448 000.00	58 240.00					1 253 600.00	162 968.00				
	13%税率的服务、不动产和无形资产 2														
	9%税率的货物及加工修理修配劳务 3														
	9%税率的服务、不动产和无形资产 4														
	6%税率 5														
其中：即征即退项目	即征即退货物及加工修理修配劳务 6	—	—	—	—	—	—		—	—	—	—	—	—	—
	即征即退服务、不动产和无形资产 7	—	—	—	—	—	—		—	—	—	—	—	—	—

续表

项目及栏次		开具增值税专用发票		开具其他发票		未开具发票		纳税检查调整		合计			服务、不动产和无形资产扣除项目本期实际扣除金额	扣除后	
		销售额	销项（应纳）税额	销售额	销项（应纳）税额	销售额	销项（应纳）税额	销售额	销项（应纳）税额	销售额	销项（应纳）税额	价税合计		含税（免税）销售额	销项（应纳）税额
		1	2	3	4	5	6	7	8	9=1+3+5+7	10=2+4+6+8	11=9+10	12	13=11-12	14=13÷(100%+税率或征收率)×税率或征收率
二、简易计税方法计税 全部征税项目	6%征收率	8						—			—	—	—	—	—
	5%征收率的货物及加工修理修配劳务	9a						—	—			—	—	—	—
	5%征收率的服务、不动产和无形资产	9b		—				—	—		—	—	—	—	—
	4%征收率	10	—	—	—	—	—	—	—	—	—	—	—	—	—
	3%征收率的货物及加工修理修配劳务	11			150 000.00	4 500.00			—	—	150 000.00	4 500.00	—	—	—	—
	3%征收率的服务、不动产和无形资产	12							—	—			—	—	—	—
	预征率 %	13a							—	—			—	—	—	—
	预征率 %	13b							—	—			—	—	—	—
	预征率 %	13c							—	—			—	—	—	—
其中：即征即退项目	即征即退货物及加工修理修配劳务	14							—	—			—	—	—	—
	即征即退服务、不动产和无形资产	15	—	—	—	—	—	—	—	—	—	—	—	—	—	—
三、免抵退税	货物及加工修理修配劳务	16	—	—	—	—	—	—	—	—	—	—	—	—	—	—
	服务、不动产和无形资产	17	—	—	—	—	—	—	—	—	—	—	—	—	—	—
四、免税	货物及加工修理修配劳务	18	—	—	—	—	—	—	—	—	—	—	—	—	—	—
	服务、不动产和无形资产	19	—	—	—	—	—	—	—	—	—	—	—	—	—	—

增值税及附加税费申报表附列资料（二）

（本期进项税额明细）

税款所属时间：2023 年 03 月 01 日至 2023 年 03 月 31 日

纳税人名称：（公章）北京缤纷饮料有限公司

金额单位：元（列至角分）

一、申报抵扣的进项税额

项目	栏次	份数	金额	税额
（一）认证相符的增值税专用发票	1=2+3	3	92 000.00	7 720.00
其中：本期认证相符且本期申报抵扣	2	3	92 000.00	7 720.00
前期认证相符且本期申报抵扣	3			
（二）其他扣税凭证	4=5+6+7+8a+8b	16	15 400.00	1 206.00
其中：海关进口增值税专用缴款书	5			
农产品收购发票或者销售发票	6			
代扣代缴税收缴款凭证	7			
加计扣除农产品进项税额	8a	—	—	
其他	8b	16	15 400.00	1 206.00
（三）本期用于购建不动产的扣税凭证	9			
（四）本期用于抵扣的旅客运输服务扣税凭证	10	16	15 400.00	1 206.00
（五）外贸企业进项税额抵扣证明	11	—	—	
当期申报抵扣进项税额合计	12=1+4+11		107 400.00	8 926.00

二、进项税额转出额

项目	栏次	税额
本期进项税额转出额	13=14 至 23 之和	260.00
其中：免税项目用	14	
集体福利、个人消费	15	260.00
非正常损失	16	260.00

续表

项目	栏次	份数	金额	税额
简易计税方法征税项目用	17			—
免抵退税办法不得抵扣的进项税额	18			
纳税检查调减进项税额	19			
红字专用发票信息表注明的进项税额	20			
上期留抵税额抵减欠税	21			
上期留抵税额退税	22			
异常凭证转出进项税额	23a			
其他应作进项税额转出的情形	23b			

三、待抵扣进项税额

项目	栏次	份数	金额	税额
（一）认证相符的增值税专用发票	24	—	—	
期初已认证相符但未申报抵扣	25			
本期认证相符且本期未申报抵扣	26			
期末已认证相符但未申报抵扣	27			
其中：按照税法规定不允许抵扣	28			
（二）其他扣税凭证	29=30至33之和			
其中：海关进口增值税专用缴款书	30			
农产品收购发票或者销售发票	31			
代扣代缴税收缴款凭证	32		—	
其他	33			
其他	34			

四、其他

项目	栏次	份数	金额	税额
本期认证相符的增值税专用发票	35	3	92 000.00	7 720.00
代扣代缴税额	36	—	—	

增值税及附加税费申报表附列资料（三）

（服务、不动产和无形资产扣除项目明细）

税款所属时间：2023 年 03 月 01 日至 2023 年 03 月 31 日

纳税人名称：（公章）北京缤纷饮料有限公司

金额单位：元（列至角分）

项目及栏次	本期服务、不动产和无形资产价税合计金额（免税销售额）1	服务、不动产和无形资产扣除项目				
		期初余额 2	本期发生额 3	本期应扣除额 4=2+3	本期实际扣除金额 5（5≤1且5≤4）	期末余额 6=4-5
13%税率的项目	1					
9%税率的项目	2					
6%税率的项目（不含金融商品转让）	3					
6%税率的金融商品转让项目	4					
5%征收率的项目	5					
3%征收率的项目	6					
免抵退税的项目	7					
免税的项目	8					

增值税及附加税费申报表附列资料（四）

（税额抵减情况表）

税款所属时间：2023 年 03 月 01 日至 2023 年 03 月 31 日

纳税人名称：（公章）北京缤纷饮料有限公司　　　　　　　　　　　　　　　金额单位：元（列至角分）

一、税额抵减情况

序号	抵减项目	期初余额	本期发生额	本期应抵减税额	本期实际抵减税额	期末余额
		1	2	3=1+2	4≤3	5=3-4
1	增值税税控系统专用设备费及技术维护费		280.00	280.00	280.00	
2	分支机构预征缴纳税款					
3	建筑服务预征缴纳税款					
4	销售不动产预征缴纳税款					
5	出租不动产预征缴纳税款					

二、加计抵减情况

序号	加计抵减项目	期初余额	本期发生额	本期调减额	本期可抵减额	本期实际抵减额	期末余额
		1	2	3	4=1+2-3	5	6=4-5
6	一般项目加计抵减额计算						
7	即征即退项目加计抵减额计算						
8	合计						

增值税及附加税费申报表附列资料（五）

（附加税费情况表）

纳税人名称：（公章）北京缤纷饮料有限公司

税（费）款所属时间：2023 年 03 月 01 日至 2023 年 03 月 31 日

金额单位：元（列至角分）

税（费）种		计税（费）依据			税（费）率（%）	本期应纳税（费）额	本期减免税（费）额		试点建设培育产教融合型企业		本期已缴税（费）额	本期应补（退）税（费）额
		增值税税额	增值税免抵税额	留抵退税本期扣除额			减免性质代码	减免税（费）额	减免性质代码	本期抵免金额		
		1	2	3	4	5=（1+2-3）×4	6	7	8	9	10	11=5-7-9-10
城市维护建设税	1	157 022.00			7	10 991.54	9 049 901	5 495.77	—	—		5 495.77
教育费附加	2	157 022.00			3	4 710.66	9 049 901	2 355.33	—	—		2 355.33
地方教育附加	3	157 022.00			2	3 140.44	9 049 901	1 570.22	—	—		1 570.22
合计	4	—	—	—	—	18 842.64	—	9 421.32	—	—		9 421.32

本期是否适用试点建设培育产教融合型企业抵免政策	□是 ✓否		
可用于扣除的增值税留抵退税额使用情况	当期新增投资额		5
	上期留抵可抵免金额		6
	结转下期可抵免金额		7
	当期新增可用于扣除的留抵退税额		8
	上期结存可用于扣除的留抵退税额		9
	结转下期可用于扣除的留抵退税额		10

189

增值税减免税申报明细表

纳税人名称（公章）：北京缤纷饮料有限公司　　税款所属时间：自 2023 年 03 月 01 日至 2023 年 03 月 31 日

金额单位：元（列至角分）

一、减税项目

减税性质代码及名称	栏次	期初余额 1	本期发生额 2	本期应抵减税额 3=1+2	本期实际抵减税额 4≤3	期末余额 5=3-4
合计	1		1 780.00	1 780.00	1 780.00	
1 129 914	2		280.00	280.00	280.00	
1 129 924	3		1 500.00	1 500.00	1 500.00	
	4					
	5					
	6					

二、免税项目

免税性质代码及名称	栏次	免征增值税项目销售额 1	免税销售额扣除项目本期实际扣除金额 2	扣除后免税销售额 3=1-2	免税销售额对应的进项税额 4	免税额 5
合计	7		—	—	—	—
出口免税	8		—	—	—	—
其中：跨境服务	9		—	—	—	—
	10				—	
	11				—	
	12				—	
	13				—	
	14				—	
	15				—	
	16				—	

注：1129914 表示《财政部 国家税务总局 关于增值税税控系统专用设备和技术维护费用抵减增值税额有关政策的通知》（财税〔2012〕15 号）。
1129924 表示《财政部 国家税务总局 关于简并增值税征收率政策的通知》（财税〔2014〕57 号）。

填表说明

1. 主表

（1）第1栏（一）按适用税率计税销售额：1 253 600.00元。

附列资料（一）一般计税方法计税：805 600.00（开具增值税专用发票）+152 000.00（开具电子普通发票）+296 000.00（开具普通发票）=1 253 600.00（元）。

（2）第5栏按简易办法计税销售额：150 000.00元。

附列资料（一）简易计税方法计税：150 000.00元（根据本期销售情况统计表"*机动车*货车"的税率是3%，属于简易计税情况，填入的是不含税额）。

（3）第11栏本月销项税额：162 968.00元。

（4）第12栏本月进项税额：8 926.00元。

（5）第14栏本月进项税额转出：260.00元。

（6）第21栏简易计税办法计算的应纳税额：4 500.00元（150 000×3%）。

（7）第23栏应纳税额减征额：1 780.00元。

1 780.00=280.00+150 000.00×1%（税控设备技术维护费280.00元全额抵扣+销售货车符合简易计税条件下的减免税额1 500.00元）。

（8）第24栏应纳税额合计：157 022.00元。

（9）第39、40、41栏

城市维护建设税本期应补（退）税额、教育费附加本期应补（退）费额、地方教育附加本期应补（退）费额根据附列资料五第11列本期应补（退）税（费）额自动读取。

2. 附列资料（一）

（1）第1栏13%税率的货物及加工修理修配劳务的第1列根据本期销售情况统计表13%税率的增值税专用发票合计金额填列，税额系统自动计算。第3列根据本期销售情况统计表13%税率的增值税普通发票及增值税电子普通发票合计金额填列，税额系统自动计算。

（2）第11栏3%征收率的货物及加工修理修配劳务的第3列：150 000.00元，销售使用过的固定资产，符合简易计税方法计税。

3. 附列资料（二）

（1）本期认证相符的全部防伪税控专用发票：

第35栏份数为3份，金额为92 000.00元，税额为7 720.00元。

（详见增值税及附加税费申报表期初数据）

备注：系统中可以根据税务数字账户认证通过的可抵扣发票数据自动提取。

（2）第16栏非正常损失增值税进项税额为260.00元，详见背景资料"关于白砂糖变质的说明"。

（3）第8b栏其他和第10栏本期用于抵扣的旅客运输服务扣税凭证：份数16份，金额15 400.00元，税额1 206.00元。

机票不含税额=（13 816-300）÷1.09=12 400.00（元）。

机票的税额=12 400.00×9%=1 116.00（元）。

增值税电子普通发票不含税额=3 090.00÷1.03=3 000.00（元）。

增值税电子普通发票的税额=3 000×3%=90.00（元）。

金额合计=12 400+3 000=15 400.00（元），税额合计=1 116+90=1 206.00（元）。

（详见背景资料发票汇总表，机票中的其他税费指的是民航发展基金，不属于应税收入。）

4. 附列资料（四）

增值税税控系统专用设备费及技术维护费的本期发生额和本期实际抵减税额均为280.00元。

5. 附列资料（五）

城市维护建设税=157 022.00×7%×（1-50%）=5 495.77（元）。

教育费附加=157 022.00×3%×（1-50%）=2 355.33（元）。

地方教育附加=157 022.00×2%×（1-50%）=1 570.22（元）。

根据背景资料"企业信息说明"了解到该企业是小型微利企业，城市维护建设税、教育费附加、地方教育附加以及印花税都是符合减半征收政策的。

6. 增值税减免税申报明细表

（1）减免性质代码为01129914；本期发生额为280.00元；本期实际抵减税额为280.00元（增值税税控设备技术维护费）。

（2）减免性质代码为01129924；本期发生额为1 500.00元；本期实际抵减税额为1 500.00元（销售使用过的固定资产，符合简易计税方法计税）。

项目训练

知识训练

1.（单选题）某增值税一般纳税人，购进国内旅客运输服务，关于可抵扣进项税额，下列说法错误的是（　　　）。

  A. 取得增值税电子普通发票的，可抵扣的进项税额为发票上注明的税额

  B. 公路、水路等其他旅客运输进项税额=票面金额÷（1+9%）×9%

  C. 铁路旅客运输进项税额=票面金额÷（1+9%）×9%

  D. 航空旅客运输进项税额=（票价+燃油附加费）÷（1+9%）×9%

  2.（单选题）某工业企业2023年6月初购进一批饮料，取得的增值税专用发票上注明价款80 000元、增值税10 400元，另支付运输企业（一般纳税人）不含税运输费用1 000元，取得运输企业开具的增值税专用发票，发票均已通过认证。月末将其中的10%作为福利发给职工，则本月可以抵扣的进项税额是（　　　）元。

  A. 9 441 B. 11 610 C. 10 490 D. 10 400

  3.（多选题）在实务工作中，附加税主要包括（　　　）。

  A. 城市维护建设税   B. 城镇土地使用税

  C. 教育费附加   D. 地方教育附加

  4.（多选题）甲化妆品公司实际申报缴纳的增值税为20 000元，实际申报缴纳的消费税为10 000元，那么甲化妆品公司应缴纳的教育费附加为（　　　）元、地方教育附加为（　　　）元。

  A. 2 100 B. 900 C. 600 D. 300

  5.（判断题）乙公司是增值税一般纳税人，本月收到一张餐饮费增值税专用发票，该发票的增值税税额可以作为进项税额抵扣。（　　　）

  6.（判断题）一般纳税人提供人力资源外包服务，可以选择适用简易计税方法，按照5%的征收率缴纳增值税。（　　　）

  7.（判断题）城市维护建设税、教育费附加、地方教育附加不是一种独立的税费。它们以征收主税为前提，以企业本期实际缴纳的增值税和消费税为计税依据，按照适用税（费）率计算并缴纳。（　　　）

技能训练

  1. 模拟一家增值税小规模纳税人企业进行增值税和附加税的计算和申报工作。

  2. 模拟一家增值税一般纳税人企业进行增值税和附加税的计算和申报工作。

项目十五

企业所得税申报

学习目标

知识目标

1. 熟悉企业所得税纳税人的分类和征收方式；

2. 掌握企业所得税的税率。

技能目标

1. 能够整理企业所得税的相关资料，准确计算企业所得税；

2. 能够准确收集整理申报企业所得税的相关资料，完成企业所得税纳税申报表的填制和税款缴纳工作。

素质目标

1. 遵守法律法规，树立依法纳税意识，根据税收优惠政策为企业合理进行税收筹划；

2. 严格遵守企业会计准则、会计基础工作规范等相关法律法规和企业制度，爱岗敬业、诚实守信，依法合规办理企业所得税纳税申报。

项目描述

财税代理公司与客户签订委托财税代理协议，财税代理人员需要对客户每月发生的经济业务做账务处理，然后对客户提供的当月发生的经济业务的报税资料进行整理、审核、统计，并计算客户企业所得税的应纳税额，同时在纳税申报期内登录电子税务局进行企业所得税的申报并缴纳税款。

知识准备

企业所得税是指对中华人民共和国境内的企业和其他取得收入的组织的生产经营所得和其他所得征收的一种所得税。

一、纳税人分类

企业所得税的纳税人是指我国境内的企业和其他取得收入的组织（个人独资企业、合伙企业、个体工商户除外）。实务中，根据注册地或实际管理机构所在地标准，企业所得税的纳税人分为居民企业和非居民企业。

居民企业，是指依法在我国境内成立，或者依照外国（地区）法律成立但实际管理机构在我国境内的企业。

非居民企业，是指依照外国（地区）法律成立且实际管理机构不在我国境内，但在我国境内设立机构、场所的，或者在我国境内未设立机构、场所，但有来源于我国境内所得的企业。

什么是非居民企业

二、企业所得税税率

企业所得税实行比例税率，主要有基本税率、低税率、优惠税率三档税率，具体如表4-15-1所示。

表 4-15-1　企业所得税税率

种类	税率	适用范围
基本税率	25%	（1）居民企业 （2）在我国境内设有机构、场所且取得的所得与机构、场所有关联的非居民企业
低税率	20% （实际按10%征收）	在我国境内未设立机构、场所，或者虽设立机构、场所但取得的所得与其所设机构、场所没有实际联系的非居民企业
优惠税率	20%	符合条件的小型微利企业
	15%	国家需要重点扶持的高新技术企业
	……	……

根据《财政部　税务总局关于进一步支持小微企业和个体工商户发展有关税费政策的公告》（财政部　税务总局公告 2023 年第 12 号），对小型微利企业减按 25% 计算应纳税所得额，按 20% 的税率缴纳企业所得税政策，延续执行至 2027 年 12 月 31 日。

小型微利企业，是指从事国家非限制和禁止行业，且同时符合年度应纳税所得额不超过 300 万元、从业人数不超过 300 人、资产总额不超过 5 000 万元等三个条件的企业。

从业人数，包括与企业建立劳动关系的职工人数和企业接受的劳务派遣用工人数。从业人数和资产总额指标，应按企业全年的季度平均值确定。具体计算公式如下：

$$季度平均值 = （季初值 + 季末值）÷ 2$$
$$全年季度平均值 = 全年各季度平均值之和 ÷ 4$$

年度中间开业或者终止经营活动的，以其实际经营期作为一个纳税年度确定上述相关指标。

小型微利企业所得税优惠政策

三、企业所得税征收方式

企业所得税的征收方式包含查账征收和核定征收两种，如表 4-15-2 所示，一经确定，一般在一个纳税年度内不得变更。

表 4-15-2　企业所得税的征收方式

项目	适用范围	核算依据	注意
查账征收	适用于会计机构和会计核算体系健全，能够正确核算应纳税所得额，提供纳税资料的企业	根据账簿数据，按照"应纳税所得额×适用税率"计算应纳税额	实务工作中，并非所有的小规模纳税人都采用核定征收，也可以采用查账征收
核定征收	适用于账册不健全，不能提供完整、准确的收入凭证、成本资料、费用凭证，不能正确计算应纳税所得额的企业	按照税务机关核定的应纳税所得率或者应纳所得税额申报企业所得税	

企业所得税分月或者分季预缴。企业应当自月份或者季度终了之日起十五日内，向税务机关报送预缴企业所得税纳税申报表，预缴税款。

企业应当自年度终了之日起五个月内，向税务机关报送年度企业所得税纳税申报表，并汇算清缴，结清应缴应退税款。

企业分月或者分季预缴企业所得税时，应当按照月度或者季度的实际利润额预缴；按照月度或者季度的实际利润额预缴有困难的，可以按照上一纳税年度应纳税所得额的月度或者季度平均额预缴，或者按照经税务机关认可的其他方法预缴。预缴方法一经确定，该纳税年度内不得随意变更。

业务操作

一、查账征收

查账征收方式下，纳税人在税务机关规定的纳税期限内，根据自己的财务报表或经营情况，据实填写纳税申报表，向税务机关进行申报、缴纳企业所得税。

查账征收

季度预缴企业所得税额的计算：

企业所得税应纳税额=应纳税所得额×税率-减免税额-抵免税额

应纳税所得额=收入总额-不征税收入-免税收入-各项扣除-允许弥补的以前年度亏损

例如，山东弘毅科技有限公司，查账征收企业所得税，没有需要弥补的亏损额。

截至 2023 年第一季度末，营业收入累计为 45 735 321.92 元，营业成本累计为 43 597 340.03 元，利润总额为 2 124 401.56 元。

第一季度初从业人数为 54 人，季末从业人数为 58 人，季初及季末资产总额分别为 15 761 889.73 元、17 386 390.36 元。

计算第一季度企业所得税。

资产总额：（15 761 889.73+17 386 390.36）÷2
=16 574 140.05（元）＜50 000 000 元

从业人数：（54+58）÷2=56（人）＜300 人

利润总额：2 124 401.56 元＜3 000 000 元

经过判断，该季度该企业符合小型微利企业的认定标准。

（1）优惠前应缴纳企业所得税：

2 124 401.56×25%=531 100.39（元）。

（2）按税法规定实际缴纳企业所得税：

2 124 401.56×25%×20%=106 220.08（元）。

（3）减免的企业所得税：

531 100.39-106 220.08=424 880.31（元）。

查账征收方式下，纳税人在固定的纳税期限内根据自己的财务报表或经营情况，填写纳税申报表，向税务机关申报、缴纳企业所得税。企业预缴企业所得税时，如果不能享受税收优惠，只需要填写“中华人民共和国企业所得税月（季）度预缴纳税申报表（A类）”。

纳税申报案例

北京缤纷饮料有限公司按季度预缴企业所得税，基本税率为 25%。已知公司的利润表如下。

利润表　会小企 02 表

编制单位：北京缤纷饮料有限公司　　2023 年 1—3 月　　金额单位：元

项目	行次	本期合计	全年累计
一、营业收入	1	3 086 199.29	3 086 199.29
减：营业成本	2	1 851 719.57	1 851 719.57
税金及附加	3	39 794.74	39 794.74
其中：消费税	4		
城市维护建设税	5	20 567.65	20 567.65

续表

项目	行次	本期合计	全年累计
资源税	6		
土地增值税	7		
城镇土地使用税、房产税、车船税、印花税	8	4 535.91	4 535.91
教育费附加、资源税、排污费	9	14 691.18	14 691.18
销售费用	10	340 343.91	340 343.91
其中：商品维修费	11		
广告费和业务宣传费	12	140 000.00	140 000.00
管理费用	13	246 895.94	246 895.94
其中：开办费	14		
业务招待费	15	48 000.00	48 000.00
研究费用	16		
财务费用	17	12 344.80	12 344.80
其中：利息费用（收入以"-"号填列）	18	502.32	502.32
加：投资收益（损失以"-"号填列）	19		
二、营业利润（亏损以"-"号填列）	20	595 100.33	595 100.33
加：营业外收入	21		
其中：政府补助	22		
减：营业外支出	23	100 000.00	100 000.00
其中：坏账损失	24		
无法收回的长期债券投资损失	25		
无法收回的长期股权投资损失	26		
自然灾害等不可抗力因素造成的损失	27		
税收滞纳金	28		
三、利润总额（亏损总额以"-"号填列）	29	495 100.33	495 100.33
减：所得税费用	30	12 377.51	12 377.51
四、净利润（净亏损以"-"号填列）	31	482 722.82	482 722.82

单位负责人：黄伟航　　会计主管：林莉莉　　　复核：林莉莉　　　制表：齐琪岐

填制该公司第一季度的企业所得税预缴纳税申报表

A200000 中华人民共和国企业所得税月（季）度预缴纳税申报表（A类）

税款所属期间：2023 年 01 月 01 日至 2023 年 03 月 31 日

纳税人识别号（统一社会信用代码）：91110101249713400

纳税人名称：北京缤纷饮料有限公司　　　　　　金额单位：人民币元（列至角分）

优惠及附报事项有关信息

项目	一季度		二季度		三季度		四季度		季度平均值
	季初	季末	季初	季末	季初	季末	季初	季末	
从业人数	13	13							13
资产总额（万元）	1 788.00	1 885.00							1 836.50
国家限制或禁止行业	□是 ☑否				小型微利企业				☑是 □否

附报事项名称		金额或选项
事项 1	（填写特定事项名称）	
事项 2	（填写特定事项名称）	

	预缴税款计算	本年累计
1	营业收入	3 086 199.29
2	营业成本	1 851 719.57
3	利润总额	495 100.33
4	加：特定业务计算的应纳税所得额	
5	减：不征税收入	
6	减：资产加速折旧、摊销（扣除）调减额（填写 A201020）	
7	减：免税收入、减计收入、加计扣除（7.1+7.2+……）	
7.1	（填写优惠事项名称）	
7.2	（填写优惠事项名称）	
8	减：所得减免（8.1+8.2+……）	
8.1	（填写优惠事项名称）	
8.2	（填写优惠事项名称）	
9	减：弥补以前年度亏损	
10	实际利润额（3+4-5-6-7-8-9）\ 按照上一纳税年度应纳税所得额平均额确定的应纳税所得额	495 100.33
11	税率（25%）	25%

续表

预缴税款计算		本年累计
12	应纳所得税额（10×11）	123 775.08
13	减：减免所得税额（13.1+13.2+……）	99 020.06
13.1	（填写优惠事项名称）	99 020.06
13.2	（填写优惠事项名称）	
14	减：本年实际已缴纳所得税额	
15	减：特定业务预缴（征）所得税额	
16	本期应补（退）所得税额（12-13-14-15）\ 税务机关确定的本期应纳所得税额	24 755.02
汇总纳税企业总分机构税款计算		
17	总机构	总机构本期分摊应补（退）所得税额（18+19+20）	
18		其中：总机构分摊应补（退）所得税额（16×总机构分摊比例___%）	
19		财政集中分配应补（退）所得税额（16×财政集中分配比例___%）	
20		总机构具有主体生产经营职能的部门分摊所得税额（16×全部分支机构分摊比例___%×总机构具有主体生产经营职能部门分摊比例___%）	
21	分支机构	分支机构本期分摊比例	
22		分支机构本期分摊应补（退）所得税额	
实际缴纳企业所得税计算		
23	减：民族自治地区企业所得税地方分享部分：□ 免征 □ 减征：减征幅度_%)	本年累计应减免金额[（12-13-15）×40%×减征幅度]	
24	实际应补（退）所得税额	

谨声明：本纳税申报表是根据国家税收法律法规及相关规定填报的，是真实的、可靠的、完整的。

纳税人（签章）：　　　年　月　日

经办人： 经办人身份证号： 代理机构签章： 代理机构统一社会信用代码：	受理人： 受理税务机关（章）： 受理日期：　　年　月　日

国家税务总局监制

填表说明
企业所得税的减免税额的计算过程：

第 12 栏应纳所得税额：123 775.08。

495 100.33（利润总额）×25%=123 775.08（元）。

第 13.1 栏减免所得税额：123 775.08×80%=99 020.06（元）。

第 16 栏本期应补（退）纳税所得额：123 775.08-99 020.06=24 755.02（元）。

二、核定征收

根据《国家税务总局关于印发<企业所得税核定征收办法（试行）>的通知》（国税发〔2008〕30 号），纳税人具有下列情形之一的，核定征收企业所得税：

（1）依照法律、行政法规的规定可以不设置账簿的；

（2）依照法律、行政法规的规定应当设置但未设置账簿的；

（3）擅自销毁账簿或者拒不提供纳税资料的；

（4）虽设置账簿，但账目混乱或者成本资料、收入凭证、费用凭证残缺不全，难以查账的；

（5）发生纳税义务，未按照规定的期限办理纳税申报，经税务机关责令限期申报，逾期仍不申报的；

（6）申报的计税依据明显偏低，又无正当理由的。

税务机关应根据具体情况，对核定征收企业所得税的纳税人，核定应税所得率或者核定应纳所得税额。

具有下列情形之一的，核定其应税所得率：

（1）能正确核算（查实）收入总额，但不能正确核算（查实）成本费用总额的；

（2）能正确核算（查实）成本费用总额，但不能正确核算（查实）收入总额的；

（3）通过合理方法，能计算和推定纳税人收入总额或成本费用总额的。

纳税人不属于以上情形的，核定其应纳所得税额。

采用应税所得率方式核定征收企业所得税的，应纳所得税额计算公式如下：

应纳所得税额=应纳税所得额×适用税率

应纳税所得额=应税收入额×应税所得率

或：应纳税所得额=成本（费用）支出额/（1-应税所得率）×应税所得率

实行应税所得率方式核定征收企业所得税的纳税人，经营多业的，无论其经营项目是否单独核算，均由税务机关根据其主营项目确定适用的应税所得率。核定征收应税所得率幅度标准如表 4-15-3 所示。

表 4-15-3　核定征收应税所得率幅度标准

行业	应税所得率/%
农、林、牧、渔业	3～10
制造业	5～15
批发和零售贸易业	4～15
交通运输业	7～15
建筑业	8～20
饮食业	8～25
娱乐业	15～30
其他行业	10～30

纳税申报案例

上海天涯旅游服务有限公司 2023 年第一季度采用核定应税所得率方式预缴企业所得税，基本税率为 25%。

一、企业所得税核定征收相关信息

行业分类：文化艺术业

企业类型：小型微利企业

企业注册登记类型：有限责任公司

税务机关核定的应税所得率：8%（按收入总额核定）

年应纳税所得额限额：100 万元

从业人数：10 人

二、收入相关信息

1. 1—3 月销售 2020 年 2 月购入的车位，取得含税收入 43.05 万元，不含税收入 41 万元，计入收入总额中计算企业所得税。

2. 1—3 月销售 2020 年 3 月购入的车辆，取得含税收入 11.536 万元，不含税收入 11.2 万元，计入收入总额中计算企业所得税。

3. 1—3 月的利息收入是 200 元，计入收入总额中计算企业所得税。

三、企业利润表

利润表   会小企 02 表

编制单位：上海天涯旅游服务有限公司   2023 年 1—3 月   金额单位：元

项目	行次	本期合计	全年累计
一、营业收入	1	443 500.00	443 500.00
减：营业成本	2	252 540.00	252 540.00
税金及附加	3	3 068.30	3 068.30
其中：消费税	4		
城市维护建设税	5	1 564.35	1 564.35
资源税	6		
土地增值税	7		
城镇土地使用税、房产税、车船税、印花税	8	386.55	386.55
教育费附加、资源税、排污费	9	1 117.40	1 117.40
销售费用	10	11 221.42	11 221.42
其中：商品维修费	11		
广告费和业务宣传费	12		
管理费用	13	35 480.00	35 480.00
其中：开办费	14		
业务招待费	15		
研究费用	16		
财务费用	17	436.00	436.00
其中：利息费用（收入以"-"号填列）	18	121.00	121.00
加：投资收益（损失以"-"号填列）	19		
二、营业利润（亏损以"-"号填列）	20	140 754.28	140 754.28
加：营业外收入	21	200 000.00	200 000.00
其中：政府补助	22		
减：营业外支出	23	50 000.00	50 000.00
其中：坏账损失	24		
无法收回的长期债券投资损失	25		
无法收回的长期股权投资损失	26		
自然灾害等不可抗力因素造成的损失	27		
税收滞纳金	28		
三、利润总额（亏损总额以"-"号填列）	29	290 754.28	290 754.28
减：所得税费用	30	1 931.40	1 931.40
四、净利润（净亏损以"-"号填列）	31	288 822.88	288 822.88

单位负责人：郎昕蕊   会计主管：潘胜利   复核：潘胜利   制表：江书凯

四、企业所得税纳税申报表

B100000　中华人民共和国企业所得税月（季）度预缴和年度纳税申报表
（B类，2018年版）

税款所属期间：2023 年 01 月 01 日至 2023 年 03 月 31 日

纳税人识别号（统一社会信用代码）：91310107175952986D

纳税人名称：上海天涯旅游服务有限公司　　　金额单位：人民币元（列至角分）

核定征收方式	☑核定应税所得率（能核算收入总额的）　□核定应税所得率（能核算成本费用总额的） □核定应纳所得税额								

按 季 度 填 报 信 息

项　　目	一季度		二季度		三季度		四季度		季度平均值
	季初	季末	季初	季末	季初	季末	季初	季末	
从业人数	10	10							10
资产总额（万元）	1 340.30	1 489.70							1 415.00
国家限制或禁止行业	□ 是　☑ 否				小型微利企业		☑ 是　□ 否		

按 年 度 填 报 信 息

从业人数（填写平均值）		资产总额（填写平均值，单位：万元）	
国家限制或禁止行业	□ 是　□ 否	小型微利企业	□ 是　□ 否

行次	项　　目	本年累计金额
1	收入总额	965 700.00
2	减：不征税收入	
3	减：免税收入（4+5+10+11）	
4	国债利息收入免征企业所得税	
5	符合条件的居民企业之间的股息、红利等权益性投资收益免征企业所得税（6+7.1+7.2+8+9）	
6	其中：一般股息红利等权益性投资收益免征企业所得税	
7.1	通过沪港通投资且连续持有H股满12个月取得的股息红利所得免征企业所得税	
7.2	通过深港通投资且连续持有H股满12个月取得的股息红利所得免征企业所得税	
8	居民企业持有创新企业CDR取得的股息红利所得免征企业所得税	
9	符合条件的居民企业之间属于股息、红利性质的永续债利息收入免征企业所得税	

续表

行次	项　　　目	本年累计金额
10	投资者从证券投资基金分配中取得的收入免征企业所得税	
11	取得的地方政府债券利息收入免征企业所得税	
12	应税收入额（1-2-3）\ 成本费用总额	965 700.00
13	税务机关核定的应税所得率（%）	8%
14	应纳税所得额（第12×13行）\[第12行÷（1-第13行）×第13行]	77 256.00
15	税率（25%）	25%
16	应纳所得税额（14×15）	19 314.00
17	减：符合条件的小型微利企业减免企业所得税	15 451.20
18	减：实际已缴纳所得税额	
L19	减：符合条件的小型微利企业延缓缴纳所得税额（是否延缓缴纳所得税 □ 是 □ 否）	
19	本期应补（退）所得税额（16-17-18-L19）\ 税务机关核定本期应纳所得税额	3 862.80
20	民族自治地方的自治机关对本民族自治地方的企业应缴纳的企业所得税中属于地方分享的部分减征或免征（ □ 免征 □ 减征：减征幅度____%）	
21	本期实际应补（退）所得税额	3 862.80

谨声明：本纳税申报表是根据国家税收法律法规及相关规定填报的，是真实的、可靠的、完整的。

纳税人（签章）： 　　年　月　日

经办人： 经办人身份证号： 代理机构签章： 代理机构统一社会信用代码：	受理人： 受理税务机关（章）： 受理日期：　　年　月　日

国家税务总局监制

填表说明

第1栏收入总额：965 700.00元。

443 500.00+410 000.00+112 000.00+200.00=965 700.00（元）。

第13栏税务机关核定的应税所得率（%）：8%。

根据背景资料"企业所得税核定征收相关信息"填入。

第14栏应纳税所得额：77 256.00元。

965 700.00×8%=77 256.00（元）。

第16栏应纳所得税额：19 314.00元。

77 256.00×25%=19 314.00（元）。

第 17 栏符合条件的小型微利企业减免企业所得税：15 451.20 元。

19 314-3 862.80 =15 451.20（元）。

第 21 栏本期实际应补（退）所得税额：3 862.80 元。

77 256.00×25%×20%= 3 862.80（元）。

项目训练

知识训练

1．（单选题）甲公司年销售收入为 1 000 万元，当年实际发生业务招待费为 10 万元，则该企业当年允许扣除的业务招待费限额是（　　）。

　　A．10 万元　　B．5 万元　　　　C．6 万元　　　D．4 万元

2．（单选题）乙公司 2023 年发生的职工教育经费为 60 000 元，当年实发的工资总额为 800 000 元，则该企业 2023 年职工教育经费的税前扣除额是（　　）。

　　A．20 000 元　B．50 000 元　　C．60 000 元　D．4 800 元

3．（单选题）企业所得税的征收办法是（　　）。

　　A．按月征收　　　　　　　　B．按季计征，分月预缴

　　C．按季征收　　　　　　　　D．按年计征，分月或分季预缴

4．（单选题）下列企业中，减按15%的税率征收企业所得税的是（　　）。

　　A．小型微利企业

　　B．国家需要重点扶持的高新技术企业

　　C．居民企业

　　D．在我国境内未设立机构、场所的非居民企业

5．（多选题）小型微利企业是指从事国家非限制和禁止行业，且同时符合年度应纳税所得额不超过（　　）万元、从业人数不超过 300 人、资产总额不超过（　　）万元等三个条件的企业。

　　A．300　　　　B．1 000　　　　C．2 000　　　　D．5 000

6．（多选题）企业所得税的预缴方式包括（　　）。

　　A．按照实际利润预缴

　　B．按上一纳税年度应纳税所得额的月度平均额预缴

　　C．按上一纳税年度应纳税所得额的季度平均额预缴

　　D．按照税务机关确定的其他方法预缴

7. （判断题）企业所得税的征收方式有查账征收和核定征收。（   ）

8. （判断题）所得税费用是企业的一项费用支出，而非利润分配。
（   ）

技能训练

1. 模拟一家查账征收企业进行企业所得税季度预缴纳税申报工作。
2. 模拟一家核定征收企业进行企业所得税季度预缴纳税申报工作。

项目十六

个人所得税申报

🔒 学习目标

知识目标

1. 熟悉个人所得税征税对象、征税范围等相关规定；

2. 熟悉个人所得税专项附加扣除的标准和相关税收优惠政策。

技能目标

1. 能准确收集整理个人所得税申报的相关基础资料，进行个人所得税预扣预缴；

2. 能够完成个人所得税纳税申报表的填制和税款缴纳工作。

素质目标

1. 遵守法律法规，树立依法纳税意识，根据税收优惠政策为企业职工规范申报个人所得税，合理进行税收筹划；

2. 严格遵守个人所得税相关法律法规和企业制度规定，爱岗敬业、诚实守信、保守秘密、强化服务，保障企业职工的合法权益。

📖项目描述

财税代理公司与客户签订委托财税代理协议，为客户办理个人所得税预扣预缴业务。办理前，财税代理人员应先熟悉个人所得税申报的相关资料，根据相关人员的具体薪酬情况，办理代扣代缴个人所得税的申报和缴纳工作。

知识准备

👤 一、个人所得税纳税人

个人所得税纳税人包括个人（个体工商户和其他个人）、个人独资企业投资人和合伙企业个人合伙人等。

纳税人依据住所和居住时间两个标准，分为居民个人和非居民个人，分别承担不同的纳税义务。

居民个人是指在我国境内有住所，或者无住所而一个纳税年度在我国境内居住累计满 183 天的个人。居民个人负有无限纳税义务，其个人所得，无论来源于我国境内还是我国境外，都要在我国缴纳个人所得税。

非居民个人是指在我国境内无住所又不居住，或者无住所而一个纳税年度内在境内居住累计不满 183 天的个人。非居民个人承担有限纳税义务，即仅就其来源于我国境内的所得向我国缴纳个人所得税。

👤 二、个人所得税的征税范围

个人所得税征税范围包括 9 个方面，分别是工资、薪金所得，劳务报酬所得，稿酬所得，特许权使用费所得，经营所得，利息、股息、红利所得，财产租赁所得，财产转让所得，偶然所得。具体内容如下。

带你认识个人
所得税

（1）工资、薪金所得：个人因任职或者受雇而取得的工资、薪金、奖金、年终加薪、劳动分红、津贴、补贴以及与任职或者受雇有关的其他所得。

（2）劳务报酬所得：个人独立从事各种非雇佣的劳务取得的所得，包括设计、装潢、安装、制图、化验等服务以及其他劳务。

（3）稿酬所得：个人因其作品以图书、报刊形式出版、发表而取得的所得。

（4）特许权使用费所得：个人提供专利权、商标权、著作权、非专利技术以及其他特许权的使用权取得的所得。

（1）～（4）统称为综合所得，由扣缴义务人按月或者按次预扣预缴税款，按纳税年度合并计算个人所得税。

（5）经营所得：①个体工商户从事生产、经营活动取得的所得，个人独资企业投资人、合伙企业的个人合伙人来源于境内注册的个人独资企业、合伙企业生产、经营的所得；②个人依法从事办学、医疗、咨询以及其他有偿服务活动取得的所得；③个人对企业、事业单位承包经营、承租经营以及转包、转租取得的所得；④个人从事其他生产、经营活动取得的所得。

（6）利息、股息、红利所得：个人拥有债权、股权而取得的利息、股息、红利所得。

（7）财产租赁所得：个人出租不动产、机器设备、车船以及其他财产取得的所得。

（8）财产转让所得：个人转让有价证券、股权、合伙企业中的财产份额、不动产、机器设备、车船以及其他财产取得的所得。

（9）偶然所得：个人得奖、中奖、中彩以及其他偶然性质的所得。

不征税项目包括以下几项。

（1）独生子女补贴。

（2）执行公务员工资制度未纳入基本工资总额的补贴、津贴差额和家属成员的副食品补贴。

（3）托儿补助费。

（4）差旅费津贴、误餐补助。

三、工资、薪金所得个人所得税的计算

工资、薪金所得的个人所得税，一般由单位代扣代缴。扣缴义务人向居民个人支付工资、薪金所得时，应当按照累计预扣法计算预扣预缴税款，并按月办理扣缴申报。

本期应预扣预缴税额＝（累计预扣预缴应纳税所得额×预扣率-速算扣除数)-累计减免税额-累计已预扣预缴税额

累计预扣预缴应纳税所得额＝累计收入-累计免税收入-累计减除费用-累计专项扣除-累计专项附加扣除-累计依法确定的其他扣除

个人所得税税率表如表 4-16-1 所示。

表 4-16-1　个人所得税税率表

（居民个人工资、薪金所得预扣预缴适用）

级数	累计预扣预缴应纳税所得额	税率/%	速算扣除数/元
1	不超过 36 000 元的部分	3	0
2	超过 36 000 元至 144 000 元的部分	10	2 520
3	超过 144 000 元至 300 000 元的部分	20	16 920
4	超过 300 000 元至 420 000 元的部分	25	31 920
5	超过 420 000 元至 660 000 元的部分	30	52 920
6	超过 660 000 元至 960 000 元的部分	35	85 920
7	超过 960 000 元的部分	45	181 920

其中，累计减除费用按照 5 000 元/月乘以纳税人当年截至本月在本单位的任职受雇月份数计算。

专项扣除包含个人承担的基本养老保险、基本医疗保险、失业保险和住房公积金。

个人所得税专项附加扣除包含子女教育、继续教育、大病医疗、住房贷款利息、住房租金、赡养老人，以及 3 岁以下婴幼儿照护。

"子女教育"专项附加扣除标准提高了！

1. 子女教育

子女教育扣除如表 4-16-2 所示。

表 4-16-2　子女教育扣除

扣除范围		扣除方式	扣除标准	扣除主体	
学前教育支出	满 3 岁至小学入学前	定额扣除	每个子女 2 000 元/月	父母（法定监护人）各扣除 50%	父母（法定监护人）选择一方全额扣除
学历教育支出	小、初、高、中职、技工、专、本、硕、博				

注意事项：

（1）子女在境内或境外接受学历（学位）教育，接受公办或民办教育均可享受；

（2）子女接受学历教育需为全日制学历教育；

（3）具体扣除方式在一个纳税年度内不能变更。

2. 继续教育

继续教育扣除如表 4-16-3 所示。

表 4-16-3 继续教育扣除

扣除范围		扣除方式	扣除标准	扣除主体	
学历教育	境内学历（学位）教育期间	定额扣除	400 元/月，最长不超过 48 个月	本人扣除	个人接受本科（含）以下学历（学位）继续教育，可以选择由其父母扣除
技能人员职业资格	取得证书的年度		3 600 元	本人扣除	
专业技术人员职业资格					

3. 大病医疗

大病医疗扣除如表 4-16-4 所示。

表 4-16-4 大病医疗扣除

扣除范围		扣除方式	扣除标准	扣除主体
基本医保相关医药费除去医保报销后发生的支出	个人自付累计超过 15 000 元的部分	限额内据实扣除	每年在不超过 80 000 元限额内据实扣除	纳税人发生的医药费用支出可以选择由本人或者其配偶扣除；未成年子女发生的医药费用支出可以选择由其父母一方扣除

注意事项：次年汇算清缴时享受扣除。

4. 住房贷款利息

住房贷款利息扣除如表 4-16-5 所示。

表 4-16-5　住房贷款利息扣除

扣除范围		扣除方式	扣除标准	扣除主体		
首套住房贷款利息支出	在偿还贷款期间（不超过240个月）	定额扣除	1 000元/月	纳税人未婚：本人扣除	纳税人已婚：夫妻双方可选一方扣除	夫妻双方婚前分别购买住房发生的首套住房贷款，其贷款利息支出，婚后可以选择其中1套购买的住房，由购买方按扣除标准的100%扣除，也可以由夫妻双方对各自购买的住房分别按扣除标准的50%扣除，具体扣除方式在1个纳税年度内不能变更

注意事项：

（1）不得与住房租金专项附加扣除同时享受；

（2）纳税人本人或其配偶所购买住房需为中国境内住房。

5. 住房租金

住房租金扣除如表 4-16-6 所示。

表 4-16-6　住房租金扣除

扣除范围		扣除方式	扣除标准	扣除主体		
在主要工作城市没有自有住房的纳税人发生的住房租金支出	直辖市、省会（首府）城市、计划单列市以及国务院确定的其他城市	定额扣除	1 500元/月	纳税人未婚：本人扣除	纳税人已婚且夫妻双方主要工作城市相同：由承租人扣除	纳税人已婚且夫妻双方主要工作城市不同：分别扣除
	其他城市（市辖区户籍人口＞100万）		1 100元/月			
	其他城市（市辖区户籍人口≤100万）		800元/月			

注意事项：不得与住房贷款利息专项附加扣除同时享受。

6. 赡养老人

赡养老人扣除如表 4-16-7 所示。

表 4-16-7　赡养老人扣除

扣除范围		扣除方式	扣除标准	扣除主体		
有赡养义务的子女赡养一位及以上 60 岁（含）以上父母及子女均已去世的祖父母、外祖父母的	独生子女	定额扣除	3 000 元/月	本人扣除		
	非独生子女		每人不超过 1 500 元/月	平均分摊：赡养人平均分摊	约定分摊：赡养人自行约定分摊比例	指定分摊：由被赡养人指定分摊比例

注意事项：
（1）指定分摊及约定分摊必须签订书面协议；
（2）指定分摊与约定分摊不一致的，以指定分摊为准；
（3）具体分摊方式和额度在一个纳税年度内不能变更。

7. 3 岁以下婴幼儿照护

3 岁以下婴幼儿照护扣除如表 4-16-8 所示。

表 4-16-8　3 岁以下婴幼儿照护扣除

扣除范围	扣除方式	扣除标准	扣除主体	
从婴幼儿出生的当月至满 3 周岁的前一个月	定额扣除	2 000 元/婴幼儿/月	父母（法定监护人）各扣除 50%	父母（法定监护人)选择一方全额扣除

注意事项：具体扣除方式在一个纳税年度内不能变更。

个人所得税计算案例

启智科技有限公司管理人员陈娟 2023 年 1 月的基本工资为 20 000 元，专项扣除为 3 330 元，专项附加扣除为 3 000 元，工作日加班为 12 小时，绩效奖为 1 000 元，津贴为 2 000 元，餐补为 200 元。

请计算陈娟的加班费、工资总额和应预缴的个人所得税各是多少。

【案例分析】

（1）加班费计算。

20 000÷21.75÷8×12 =1 379.31（元）。

注：实务中大多数公司在计算加班费时，用基本工资除以 21.75 天。

（2）工资总额计算。

20 000+1 379.31+1 000+2 000+200=24 579.31（元）。

（3）个人所得税计算。

（24 579.31-5 000-3 330-3 000）×3%=397.48（元）。

（4）实发工资计算。

24 579.31-3 330-397.48=20 851.83（元）。

业务操作

个人所得税的扣缴义务人，是指向个人支付所得的单位或者个人。扣缴义务人应当依法办理全员全额扣缴申报。全员全额扣缴申报，是指扣缴义务人应当在代扣税款的次月十五日内，向主管税务机关报送其支付所得的所有个人有关信息、支付所得数额、扣除事项和数额、扣缴税款的具体数额和总额以及其他相关涉税信息资料。

个税预扣预缴方法
进一步简便优化

实务中，企业进行个人所得税申报时，首先需要登录自然人电子税务局，如图 4-16-1 所示。

图 4-16-1 自然人电子税务局登录

首先进行人员信息采集，然后完成专项附加扣除信息采集，之后进行综合所得申报，填写个人所得税需要申报的项目信息等，最后进入税款缴纳环节。个人所得税申报流程如图 4-16-2 所示。

图 4-16-2 个人所得税申报流程

在申报页面可以进行以下操作，如图 4-16-3 所示。

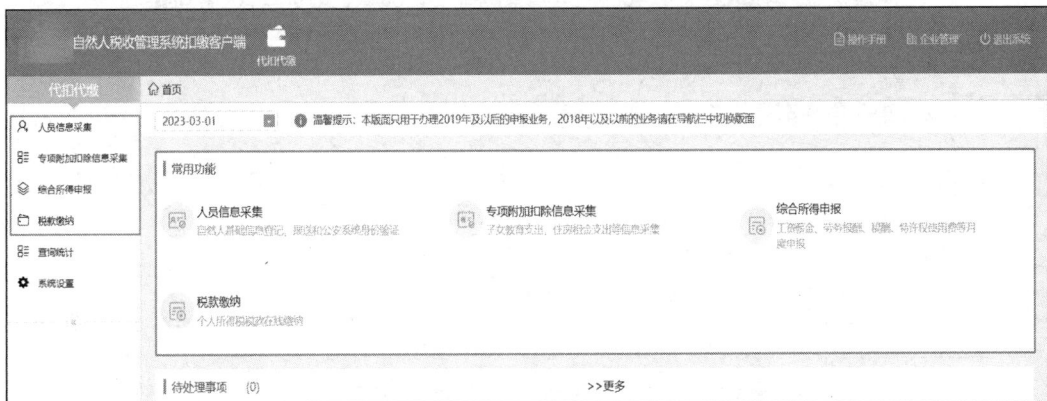

图 4-16-3 代扣代缴页面

1. 人员信息采集

纳税人有中国公民身份号码的，以中国公民身份号码为纳税人识别号；纳税人没有中国公民身份号码的，由税务机关赋予其纳税人识别号。

扣缴义务人可通过扣缴客户端采集报送自然人基础信息。人员信息采集主要包括【添加】【导入】【报送】【获取反馈】【导出】【展开查询条件】【更多操作】。具体如图 4-16-4 所示。

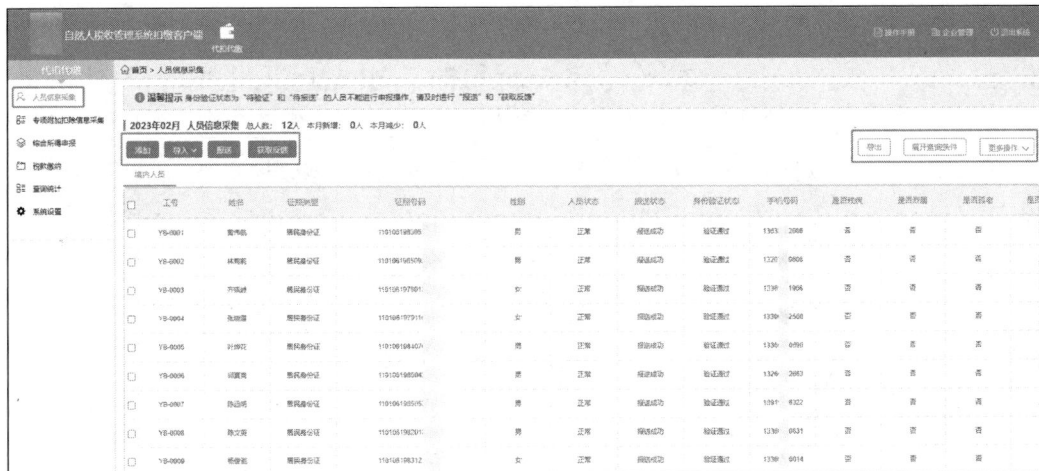

图 4-16-4 人员信息采集页面

2. 专项附加扣除信息采集

在首页选择【专项附加扣除信息采集】，显示可采集的专项附加扣除项目，分别为【子女教育支出】【继续教育支出】【住房贷款利息支出】【住房租金支出】【赡养老人支出】。具体如图 4-16-5 所示。

图 4-16-5 专项附加扣除信息采集页面

专项附加扣除信息也可以由个人通过个人所得税 App 自行填写申报，企业通过同步相关信息获取个人填写的专项附加扣除信息。

对于职工已经通过个人所得税 App 填报的专项附加扣除信息，扣缴单位既可以在专项附加扣除信息采集功能中单击【下载更新】按钮，也可以选择【系统设置】→【申报管理】→【专项附加扣除下载功能】→【下载最新的专项附加扣除信息】获取相关信息。

3. 综合所得申报

综合所得个人所得税预扣预缴申报（以下简称"综合所得申报"），是指扣缴义务人在向居民个人支付综合所得时，根据已采集的个人身份证信息，结合当期收入、扣除等情况，在支付所得的月度终了之日起十五日内，向主管税务机关报送《综合所得个人所得税预扣预缴报告表》和主管税务机关要求报送的其他有关材料，进行综合所得个人所得税预扣预缴申报。

在首页选择【综合所得申报】，进入综合所得申报页面，页面上方为申报主流程导航栏，根据【1.收入及减除填写】→【2.税款计算】→【3.附表填写】→【4.申报表报送】四步流程完成综合所得个人所得税预扣预缴申报。具体如图 4-16-6 所示。

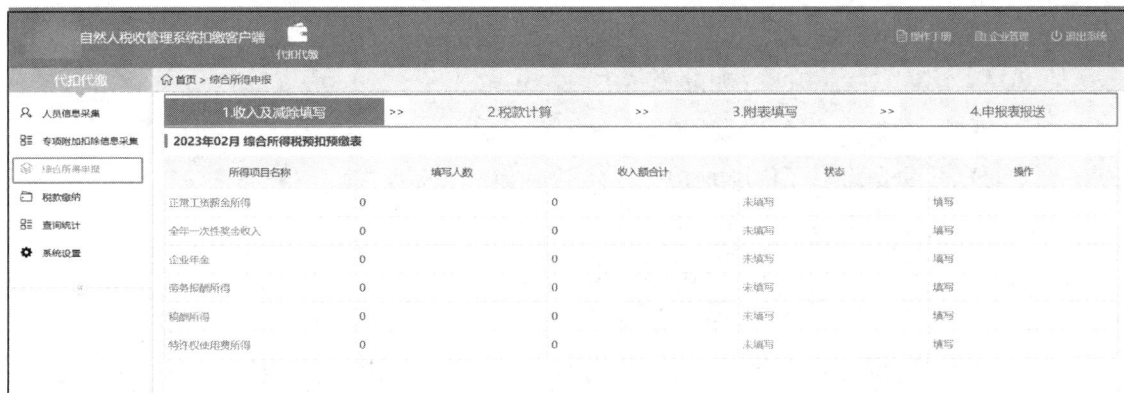

图 4-16-6　综合所得申报页面

4. 税款缴纳

根据《中华人民共和国个人所得税法》第十四条，扣缴义务人每月或者每次预扣、代扣的税款，应当在次月十五日内缴入国库，并向税务机关报送扣缴个人所得税申报表。在首页选择【税款缴纳】→【三方协议缴纳】，打开三方协议查询页面，如图 4-16-7 所示。

图 4-16-7　三方协议查询页面

申报系统默认提供三方协议缴款方式（因地区差异化，部分地区可能会有其他的缴款方式）。三方协议缴款是指企业需要和税务机关、银行签订委托银行代缴税款协议书，才能使用的缴款方式。选中需要缴纳的月份，单击【立即缴款】按钮，缴款结束后，即完成了个人所得税的税款缴纳。

项目训练

知识训练

1.（单选题）王某 2023 年 1 月取得的工资为 9 500 元，个人承担的"三险一金"为 1 500 元，子女教育专项附加扣除为 2 000 元，无其他减免项目，王某 2023 年 1 月预扣预缴的个人所得税为（　　　）元。

    A.（9 500-1 500-2 000）×3%=180

    B.（9 500-1 500-5 000）×3%=90

    C.（9 500-1 500-2 000-5 000）×3%=30

    D.（9 500-1 500-2 000-5 000）×10%=100

2.（单选题）下列各项中，不属于个人所得税专项附加扣除的是（　　　）。

    A. 赡养老人　B. 子女教育　　C. 住房租金　D. 生育保险

3.（单选题）李某 2023 年每月应发工资均为 30 000 元，每月减除费用 5 000 元，"三险一金"等专项扣除为 4 500 元，享受子女教育、赡养老人两项专项附加扣除共计 2 000 元，无减免收入及减免税额等情况，李某 2023 年 2 月应预扣预缴的个人所得税是（　　　）元。

    A. 555　　　　B. 1 180　　　C. 625　　　　D. 0

4.（多选题）实行个人所得税预扣预缴申报的综合所得包括（　　　）。

    A. 工资、薪金所得　　　　B. 劳务报酬所得

    C. 稿酬所得　　　　　　　D. 特许权使用费所得

5.（判断题）扣缴义务人每月或者每次预扣、代扣的税款，应当在次月五日内缴入国库，并向税务机关报送扣缴个人所得税申报表。（　　　）

6.（判断题）李某 2023 年每月工资薪金为 8 000 元，其中代扣"三险一金"1 300 元，1—11 月累计预扣预缴个人所得税 561 元，12 月应预扣预缴的个人所得税为 56 元。（　　　）

技能训练

模拟一家企业进行职工个人所得税的人员信息采集、专项附加扣除信息采集、综合所得申报和税款缴纳工作。